宇宙の大道へ

驚異の神人川面凡児、霊的覚醒の秘法

宮崎貞行

きれい・ねっと

目　次

目　次

はじめに

忘れられた古神道家、川面凡児は、文久二年、豊前の宇佐（大分北部）に生まれた。明治維新の七年前である。日露戦争の終結した明治三十九年に、稜威《みいづ》会という古神道団体を立ち上げ、昭和四年に没するまで布教活動を続けた。

川面は、奈良朝以前から伝わるという太古神道の宇宙観、人間観を提示し、拝神と修行を通じて神人合一に至る古来の道を復活させようとした。

西洋化の波に翻弄された明治期に、古神道の立場から宗教改革を唱え、日本人の霊性の復活と深化を呼びかけたのである。欲望に振り回され、根無し草のように物質主義と実用主義の波間に漂う人々に古来の道を提示したのであった。

川面は、永年の修行を通じて不思議な超能力を習得していたようである。彼は、南極探検の現場を透視したり、関東大震災を予告したり、あるいは幽体離脱や遠隔治療をおこなったことがある。

彼は、この世（表の顕界）を支えているあの世（裏の霊界）に参入し、人の過去世や幽体が存在することを観察し、その神秘体験を裏づけとして、来るべき世界を導く宇宙観や人間観を説き明かそうとした。

彼の教えは、大きくは三つに分けることができる。

第一に、人は宇宙霊《おおなおひ》が凝集して、ヒトの形として現れたものであって、霊《ひ》としての光を輝かせることが使命であり、死後にも修行を積み、長い時間をかけて最終的に宇宙霊《おおなおひ》に帰一すると説いた。ただし、絶えず邪気《マガツミ》、邪霊《マガツヒ》が侵入してくるので、これを祓い浄め、光としての自性をみがかねばならないと注意を促した。したがって、人間はみなアラヒトガミといってよい存在で、天皇陛下だけがアラヒトガミなのではないと主張した。

第二に、しかし、そのことを頭で理解しただけでは足りない。体は、宇宙の根本の霊気を感じ取る最高のセンサーであり、したがって、この体という受信機をみがき、宇宙の真理を体感、体験、体認することを勧めた。そのために、宇宙の根本本体との合一を促す一連の身体作法を整え、これを世界に発信しようとした。水を浴びる禊は、その体感行法の一部にすぎないが、川面の名は、禊ぎの創始者あるいは復活者として神道界では位置づけられている。

第三に、日本民族のカミは、一神にして多神、多神にして汎神という全一的な（ホリスティックな）構造を持っており、人間も祖霊も万物もまたカミと言うことができると説いた。彼は、この全一的なカミのイデアを人類の霊性統合のための礎石として、キリスト教や仏教なども包括する世界教を構築しようとした。それを「宇宙の大道」と呼んだ。その論理の帰結として、祖先のカミガミにも感謝と敬意を払うべきであり、西洋も二百年後には祖先のカミガミも祀るようになるだろうと予告した。

しかし、明治以降の為政者、とりわけ極端な国家主義を目指した昭和前期の為政者らによって、彼の唱えた「宇宙の大道」としての「日本の道」は無視され、霊性は剥奪され、川面の意図に反した宗教施策がとられてしまった。その結果、未曾有の敗戦のあと、川面の普遍的な世界教としての古神道思想も、十把一絡げに、時代遅れの旧思想としてゴミ箱に捨てられてしまった。

戦後永らく、川面は「国家主義イデオロギーの神道家」というレッテルを貼られたまま忘れ去られていたが、彼の考えは、言うまでもなく、小さい国家主義を超えたところにあった。人類の霊性を高度化する「宇宙の大道」を示し、日本が率先してその大道を歩むことを提唱していたのである。彼は、こう語っている。

「道とは、霊性《みたま》の満ちるの意味である。日本道は、シナ道であって、またアメリカ道である。道に国境はない。それをどこの国でも、自分の国が尊いというのは愚かな話である。道は宇宙の道で、天下の公道である。・・・日本の道は　久しく隠れていたけれども、これからは世界の文明が進歩するに従ってその光輝が大いに現れてくるであろう」

戦後七十数年を経た今日、日本社会は進むべき目標を失って行き詰まり、これからどの道を歩んでいけばよいのかさまよっているように見える。米国の物まねをして個人中心主義と物質中心主義の道を歩んできたが、その行き詰まりに多くの人々が気づき始めてきた。
このような状況の中で、川面凡児の「宇宙の大道」を研究し実践し体験してみることは、無益ではないと思われる。

大神の　稜威《みいづ》と知れば　月花も
昨日《きのう》にまさる　わが眺めかな（凡児）

令和二年七月吉日

宮﨑　貞行

第一章　役行者《えんのぎょうじゃ》の再来か

船員たちの運命は

「先生、主人は、明日の朝、南極に向けて出航しますが、今度の航海は大丈夫でしょうか」

「探検隊が、南極まで無事たどり着けるかどうか、先生に観ていただきたいのです。是非とも、お願いいたします」

和服姿の婦人が、二人正座して、粗末な白衣を着た初老の男に向かって哀願している。二人の表情は恐ろしいほど真剣である。

対座した男は、山羊に似た白いあごひげをなでながら無愛想に答えた。

「いや、私は占いはしないことにしていますので、お答えしかねますな」

婦人たちは、男の回答になにやら不吉なものを感じ取ったらしく、うなだれてすすり泣きをはじめた。占いを拒絶されたということは、南極航海の前途に何か重大な障害があることを意味しているのではないか、と急に不安になってきたのである。ひょっとすると、主人の船は、南氷洋で嵐に巻き込まれ遭難するのかもしれない。あるいは、探検隊が前人未踏の南極大陸で全員凍死するのかもしれない。だから、占いを断られたのではないだろうか――。

婦人の一人は、明日南極に向けて出発する探検船、開南丸の野村直吉船長の奥さんであった。開南丸は、わずか二百トンの中古帆船にすぎなかったが、豪州で待機中の白瀬矗《のぶ》中尉の率いる探検隊の一行をシドニー港で乗せてから、南極に向かう予定になっている。

もう一人の婦人は、莫大な私財を投じて南極探検を援助している雑誌出版社の村上濁浪《だくろう》社長の奥さんであった。村上社長は、明治四三（一九一〇）年に結成された南極探検後援会の幹事の一人であった。後援会の会長は、大隈重信伯爵が就任し、国威発揚の意気に燃えていた多くの国民も浄財を捧げて協力した。

南極探検には、両夫人のご主人と会社の命運がかかっている。中古の帆船だから、万が一、海中に隠れている氷塊に激突すれば、船長と隊員の命はない。上陸できたとしても、極地探検が失敗に終われば、資金援助する雑誌社の命運も尽きてしまう。

せっぱ詰まった二人は、ご主人に内緒で、東京の下町にある神道集会所を訪ねたのであった。集会所といっても、八畳一間と三畳二間の小さい借家で、八畳間の奥の方に、丸い鏡と榊を飾った白木の祭壇がおかれているばかり。茶色くなった古い畳は所々すりきれており、長年の貧乏暮らしが顔をのぞかせているようだ。

だが、ここには「谷中の仙人」と呼ばれる不思議な人物が住んでいる。当代随一と噂される千里眼の持ち主だ。白いあごひげを垂らし神主風の白衣を着こんだ目の前の人物は、日露戦争などの推移を見事に言い当てた畏るべき人物なのだ。占いを拒絶されても、なおもこの人にすがるよりほかはない――。

二人は、すり切れた畳に額を着けんばかりに哀願した。

「そこを何とか曲げてお願いしたいのです。船員たちの身の上が案じられてならないのです」

二人のすすり泣きは、激しい嗚咽に変わった。主人や船員たちを待ち受けている過酷な運命を想うと、急に胸が詰まってきたのだ。

狭い部屋には、次の相談者たちが待ち受け、何事かと固唾《かたず》を飲んで見守っている。そばにいる取り次ぎの弟子も困り切った表情を浮かべている。女たちにいつまでも泣かれてはかなわない。白衣の男はとうとう折れて、口を開いた。

「それでは、やむを得ませんな。南極の地図を書いて安全な航路を示しますから、お帰りになったらご主人に渡してください」

男は、神前に向かいしばらく瞑目したのち、巻紙にさらさらと筆を走らせた。

野村船長の夫人は、涙をぬぐい、やっと安堵の表情を浮かべて、「谷中の仙人」から恭しく一枚の紙を押し頂いた。

その晩、夫人から手書きの簡単な注意書きと地図を受け取った野村船長は、チラッと一瞥し、素人の書いた略図だなと、格別気にもとめず、無造作にポケットに突っ込んだまま、翌朝予定通り出航した。

航海には詳細な海図が必要で、こんな手書きの略図はほとんど役に立ちそうもないと思われた。「占いで針路を決めることができるなら、苦労はないのだ」と思った。けれども、心配をかけている細君がやっとの思いで貰ってきた注意書きである。むげに捨て去るわけにもいかない。

東方に進めば湾あり

やがて、開南丸は南下して赤道を越え、豪州のシドニーで補給を終え、そこで待機していた白瀬中尉の一行を乗船させた。

白瀬中尉は、秋田県の生まれ、幼少より南極探検を志し、そのため粗衣粗食に慣れ極寒に耐える過酷な訓練を自らに課してきた不撓不屈の人物であった。国威発揚のため、絶対に成功させるぞと堅い決意を秘めていた。

開南丸は、白瀬隊を乗せ、ニュージーランドに沿ってさらに南下し、いよいよ目指す南極大陸の地に近づいてきた。ところが、白い大陸に接近しても、行く手は見渡す限り、高さ数十メートルの切り立った氷壁である。これでは、とても上陸できそうもない。油断して近づくと、海中の氷塊に激突するおそれもある。

不安を感じた船長が、ふと思い出したのは、ポケットにつっこんでいた一枚の略図であった。

取り出してみると、略図には、細い筆文字でこんな説明が書き加えられていた。

「シドニーよりは、斜めに南西の航路をとりて行くべきも、南極に着陸したる時は、氷壁ありて上陸することあたはず、その際には東にむかって進むべし。氷壁もなき氷原あり。そうしてまた東方に進めば湾あり。そこにもまた、氷壁なく、氷原あり、上陸することを得る」

白瀬中尉

ものは試しと指示通りに進路を東に転じてみると、まもなく広大な氷原が現れてきた。さらに東に進むと、湾があり、鯨が群れを成して悠々と潮を吹いている。用心しながら接近してみると、ちょうど上陸できそうな高さの氷原が見つかった。まさに仙人の地図の予告した通りであった。この記念すべき湾は、のちに船名にちなみ開南湾と命名された。

こうして、白瀬中尉の探検隊は、開南湾の一角に、無事上陸地点を見つけ極点に向かって探検を開始した。「無事上陸」という船舶通信は、ただちに東京にもたらされた。時は、明治四五年（一九一二）年一月十六日のことであった。

ところが、上陸後まもなく通信が途絶え、一ヶ月以上も消息がわからなくなってしまった。極寒のため通信機械が故障していたのだが、期待をかけていた国民はみな憂慮し、ことに南極探検後援会長の大隈重信伯爵の心痛はひとかたならず、夜も寝られないほどであった。大隈伯爵は、知人を遣わして、再び谷中の仙人に伺いを立てさせた。

三日後に、現地の模様を透視した仙人の回答が返ってきた。

「一行中には病人あるも、生命には別状なし。また、穴のようなところに五、六人一団となってうずくまりおるのをみたが、一同元気なり」

のちに探検隊が帰国してから、当時の日誌と照合してみるとすべて透視されたとおりであった。「病人」というのは、鋭い雪氷の反射を受け、雪盲病にかかって一時目が見えなくなっていた白瀬隊長のことであった。当時はまだ性能の良い遮光グラスがなかったのだ。また、「穴のようなところにうずくまりおる」とは、分隊が激しい雪嵐を避けて氷塊の穴に避難していた時分にちょうど当たっていた。肩を寄せ合って、吹きすさぶ雪嵐の静まるのを待っていたのである。

帰国後この話を聞いた隊員たちは、遠隔透視の正確さに仰天し、極地に携えていった保存用の乾パンを神前に供えてお礼参りをしたという。野村船長も、「まさに地図のとおりでありました」と神前に報告し、自宅の神棚に仙人の書いた地図を納めて家宝としたと伝えられている。

谷中の仙人

いつも行者風の白衣を無造作に着ていた中年の仙人は、訪れる人たちからは、「川面《かわつら》先生」と呼ばれていた。正規の神社の神職ではないが神前で幣を振り、大学の教授ではないが膨大な著作を次々発表し続けていた。本名は「川面恒次《つねつぐ》」といったが、執筆するときは、自ら「川面凡児」と署名した。平々凡々たる小児という意味である。だが、誰がみても「凡児」には見えなかった。

白衣を着た川面凡児

「川面先生」は、年がら年中、粗末な木綿の白衣で通していたが、眼孔はいつも炯々として対面するものを畏怖させた。来客は心の奥底まで見透かされているような気分になったから、本音でしゃべるよりほかなかった。「先生」は、周りに何か強烈なオーラのような雰囲気を発散しているようで、困りごとの相談にきた客はそのオーラに包まれ、元気を回復して帰る様子であった。

住んでいる借家は、雨の漏る粗末なあばら屋で、食べるものが数日途絶えることもあったが、本人はそれでいっこうに頓着しなかった。必要なものは、必要なときに、必要なだけ与えられるだろうと達観していたからだ。

身の回りの世話は、七〇歳を越えた母親が面倒をみていた。老いた母と独身の息子の二人は、慎ましい生活を苦にせず、むしろ楽しんでいる風であった。見るに見かねて支援者たちが立派な家屋の提供を申し出たが、本人は受け取りを拒絶していた。一介の凡児には、下町の陋屋とすり切れた畳が似合っているというのである。

遠隔地の模様を透視し、過去と未来を見透す千里眼を持つ稀代の霊能者と謳われ、のちに関東大震災や清朝の滅亡も的確に予告したこの「仙人」にとって、病気治しはお手の物であった。瀕死の重病に苦しんでいる門人を回復させた事例は少なくないが、よほどのことがない限り部外者の病気治しは引き受けなかった。巷にはやる怪しげな加持祈祷の類と混同されるのを警戒したのである。

明治のころ、山伏や密教僧侶たちは、怪しげな加持祈祷を行って、病気の婦女子などから金品を巻き上げていたが、そんなものと同列に扱われては困るのだ。

「谷中の仙人」は、霊能を誇示することを嫌ったが、止むを得ないときは、遠隔地に自身の声や姿を顕してみせたこともある。九州に出張中に東京の神前に姿を現して消えたこと、神戸から出雲大社まで夜間に瞬間移動して帰ってきたことも記録されている。帰りが余りに早いので不思議に思った門人が、出雲大社にあとで連絡したところ、「確かにお見えになり、先刻帰られました」という返事だった。どうやら、川面は幽体を飛ばして瞬間移動していたようであった。

受信機をみがけ

あるとき、川面に面会した高名な儒学者が、「日本神道の奇跡について、その実証をみせてくれませんか。そうでないと信じられませんな」と川面を挑発したことがある。神道が道徳律や世界観の単なる教えに過ぎないなら、まだ君子の政治哲学を説く儒学のほうがましだと考えていたのだ。

「よろしい。それでは、明朝、静座して、何が起こるか、待っててごらん」

と川面は言った。翌日の朝、儒学者が青山にある自宅の居間で孔子の像に向かって静座していると、突然、高らかな祝詞の声が朗々と耳に響いてきた。谷中の自宅にいるはずの川面の声のようであった。気のせいかと思い直しても、なお明瞭に聞こえてくる。周りを見回し自宅の外に出てみたが、誰もいない。びっくりして、下町の集会所に飛んでいくと、神前に仙人が悠然と座っているではないか。

仙人は、開口一番、「聞こえたかい」と言った。つづけて、こう語った。

「これは決して不思議なことではない。東京で語る言葉は、ニューヨークでもロンドンでも、どこへでも聞こえるのが原則なのだ。これを聞き得ないのは受信機が不完全だからである。しかし、やがては、声だけでなく、ものの色、味、匂いも瞬間に万里の外に送られるときが来る」

ものの色と声を運ぶテレビの時代が到来することを、川面はすでに予見していたのである。味や匂いを送る器械も、二一世紀の今日、まもなく登場しそうな気配である。

しかし、器械に頼らなくても、霊覚をみがけば、ニューヨークの情景もロンドンの市場の動きも瞬時にわかるようになる。それは、将来、人類が霊覚という受信機を開発し、意識を変容すれば可能になるのだ、と言おうとしたのであった。なぜなら、太古の昔には、ヒマラヤや富士山、白山、霧島に棲む聖者たちは頻繁にテレパシーで交信していたことを彼は識っていたからである。

川面は、霊界の神仙と語り、遠距離を瞬間に移動するなど不可思議な現象を示し、「役行者の再来か」とも噂されたが、その真骨頂は、仙術よりもっと高い次元にあった。日露戦争の推移を予言して人を驚かせ、南極探検の模様も的確に透視したが、晩年は、予言も透視も病気治しもすべて断り、太古神道の思想と行法の普及に寸暇を惜しんで取り組んだ。「予言は人を愚かにする」といって、よほどの事態でなければ公表しようとしなかった。

自身は、千里眼、天耳通、幽体離脱など驚くべき霊能をもっていたが、門人たちには、「奇跡を起こす霊能をもとめてはならない」といつも諭していた。「それよりも、敬神、崇祖、奉仕の誠を尽くすことのほうが大事だ」と説いていた。霊能あるいは超能力と呼ばれる力は、選ばれた特殊な人物に与えられるもので、求めて得られるものではないことをよく弁《わきま》えていた。

第一章　役行者《えんの》の再来か

第二章　修行と研鑽の日々

御許山に籠る

川面凡児は、明治維新の七年前、一八六二年に、大分県宇佐市の山間部の盆地で生を享けた。川面の生家は、酒造業や呉服業もいとなむ指折りの裕福な大百姓であった。神職の家系ではないが、代々、神々への信仰心が篤く、学問好きの家系でもあった。

父親の仁左衛門は、温厚篤実な性格で、貧しい村人に施しする慈善家として近在に知られていた。子供たちには日ごろから、「品物を貰ったうれしさよりも、人に品物を差し上げたときのうれしさを知れ」と諭していた。母親の八津子も、信心深く、山伏や旅人などに施しすることを悦びとしていた。

川面少年は、家の近くを流れる小川で水浴するのが好きで、どんなに寒い冬の朝も欠かさなかった。また、静かな山で瞑想にふけることを好み、しばしば小高い山の岩の上に座って深夜も瞑想に浸っていた。

十五歳の頃、親友に向かってこう語ったことがある。

「僕は一生の目的として我が国の神道を研究するつもりだ。栄達を求める気持ちは毛頭ない。ただ、僕の家に伝わっているところの神道を追求してみたいだけだ」

川面の生まれたところから、東北十キロメートルの位置に、御許山《おもと》と呼ばれる、標高六七九メートルの小高い山がある。

御許山は、神気のこもる霊山だが、川面少年は、一五歳の時、友達三人を誘って山中の修行に挑んだことがある。友達は、大蛇やイノシシの出没する山の恐ろしさに耐え切れず、早々に退散したが、川面少年だけは一人居残って二十一日の行を続けた。

二十一（三七）日の行というのは、いわゆる山岳修験道の入門者に課せられる最初の関門である。山上の奥の宮には、行者に粗食を提供する番人が住んでいたから、十五歳の少年も心置きなく修行を続けることができた。

往時の山伏たちは、一定期間深山に籠り、断食と水行をつづけながら山々を踏破する奥駆けで心身を鍛え抜いていた。聖なる山の洞窟は、いわば母の胎内であって、断食と水行によって心身を浄化しつつ洞窟に籠れば、無垢な胎児に還ることができるのである。そうして峰々や谷々の清冽な霊気を吸収し、心身に充実させれば、時満ちて活力あふれる新生児として生まれ変わることができると信じられていた。

古い自分を捨て、新しい姿で生まれ変わることを念じながら、日々の苦しい修行を続けることが、山伏たちの道であった。こうして、霊力を身につけた山伏は、里に降りて、雨乞いを祈祷し、無病息災の加持を行い、里人の身の上相談に乗り、薬草や護符を売ることで生計を立てていた。川面少年も、そのような山伏たちから滝行や呼吸法、瞑想法、念唱法など行法のいくつかを学んだものと思われる。

御許山に登ってみると、頂上の奥の宮から少し下った谷間に、一条の細い滝水が湧き出している場所がある。現在は、水量が少なくなっているが、山の樹勢の盛んだった昔はもっと豊富に流れ出ていたはずである。川面少年は、この水晶のように透明な滝水で猛烈な禊ぎの行を続けていた。

御許山頂の奥宮

蓮池仙人に出会った

冷たい水を浴びる禊ぎの前後には、「鳥船」と呼ばれる、片足を斜め前に出して船の櫓をこぐように上半身を揺り動かす反復動作を続けた。「鳥船」とは、外洋を航海する古代の巨船を意味していたが、その龍骨のようにしっかりした脊椎としなやかな身体を整えるための準備運動であった。

鳥船を終えると、丹田から元気を奮い起こすタマフリの行に没頭した。

タマフリ（またはフルタマ）というのは、口から飲み込んだ息を下腹に留めつつ、丹田の前で組み合わせた両手を小刻みに旋回させる動作である。あごを引き、上半身は羽のように軽くしながら、会陰と臀部をぐっと引き締め、丹田に意識を集中し心肉統一を図る運動である。魂ふりをつづけると、ちょうど高速で回るコマの心棒が安定しているように、静まりきった境地になっていくといわれる。

川面少年は、体を一定のリズムで動かすことによって心身を統一する訓練を続けたが、同時に岩の上に静座して瞑想することも怠らなかった。静座中は、蛇や狐とも交信を試みたことが伝記に記載されている。

「永く山にいると、鳥や獣が友達扱いして近づいてくるんだ。鳥などは、害心ないのを知ると頭の上に止まってくる。しかし　狐だけはなかなか近づいてこない。山には、大きな蛇がいたが、来い来いと招けばすーっとやってくる。実にかわいいものだ」

伝記によると、川面少年が御許山での二十一日の修行を終え、へとへとになって帰ろうとしたとき、杉木立の間から白いイノシシにまたがった小柄な仙人がふいに顕れて、「ご苦労だったな」とねぎらってくれたという。

名前をきくと、仙人は、「蓮池貞澄《はすいけさだすみ》」と名乗った。白髪ながらも、顔に艶があり、童子のように血色が良かった。不思議に思って年齢を尋ねると、六九七歳と称した。本当だとすると、鎌倉時代に生まれたことになる。

仙人は、ずっと肉身のまま長寿を保っていたのか、それとも仙人の霊体が一時的に身体化して凡児の前に出現したのか、よくわからなかった。あるいは、凡児の霊眼が開けて、仙人の霊体と交信したのかもしれなかった。

深い事情はわからなかったが、この不思議な出会いから約三年の間、凡児はしばしば大許山に登っては、蓮池仙人から親しく指導を受け、禊ぎの手法を含む秘密の神伝を授けられたのであった。

この御許山の山奥で白いイノシシにまたがった蓮池貞澄仙人に遭遇するという神秘体験が

なければ、川面は厳しい修行と困難な布教に立ち向かう覚悟を途中で失っていたかもしれない。川面は、無一文で上京した後「蓮池恒次」というペンネームで評論を書いていた時期があるが、おそらく蓮池仙人のことを想い浮かべながら書いていたのであろう。

出合いの不思議は、想い出すたびに彼の信念と覚悟をいよいよ固めさせていった。蓮池仙人との遭遇は、生涯忘れることのできない強烈な印象を刻み付けたのである。

川面は、のちに神秘的な出会いを振り返り、立教の動機をこう記している。

「家に秘伝あるとともに、また八幡大神霊顕の根本勝地たる御許山中において、その人に会い、禊流の神伝、まったく愚かなるわが身に伝わるの喜びあるに至る。これ、我がその愚を顧みず、猛然決起し、世界に比類なき神代思想、神代行事を鼓吹、唱道するゆえんなりとなす」

宇宙の大道をまとめる

基礎教養としての漢学を学んだ川面凡児は、しばらく郷里の宇佐で後進の漢学教育に当たっていたが、明治十八年、安定した漢学師匠の地位を投げ捨て、自らの信念と思想を世に問いたいと、単身東京に移住した。

神道の思想と信仰はもう古臭く、文明開化の時代の要請にこたえることはできないと見られていたその東京で、もう一度本来の姿の神の道を復活させ、世に問おうと試みたのである。彼は、急速に欧化する東京で、貧窮と闘いながらさらに宗教学や哲学の研鑽を積み、ついに統一的な宇宙観と人間観にもとづいた「太古神道」の神学体系を確立し、真価を世に問うに至った。

川面は、上京してから女学校で漢文の先生をしたり、自由党系の新聞社の編集をしたりして生活の糧を得ていたが、同時にもっと幅広く宗教と哲学を研究しようと、識者の門をたたいた。当時の学界には、無名の独学者であっても門戸を開くおおらかな気風があった。

明治二十三年（一八九〇）に西欧留学から帰朝していた青年哲学者の井上哲次郎とは親しく交流し、ヘーゲル、カントの哲学はじめミルの功利主義やスペンサーの社会進化論など西洋哲学について研鑽を深めた。ギリシャ哲学の原子論やライプニッツの単子論などについても研究した。

川面の関心は、さらにキリスト教にも向かい、内村鑑三の聖書集会にもしばしば参加した。無教会派キリスト教を唱えた内村鑑三は、明治三四年から自宅で聖書の講義を開始していた。川面はセム族系宗教の創世観や原人観を学習し、その救済史観を研究しようとしたのである。

内村鑑三は、川面より一歳年上の同世代であったが、文明開化の物質主義にひた走ろうとする明治の風潮に極めて批判的であり、制度としてのキリスト教会の堕落を攻撃し、直接に聖書の中のキリストと向き合う原始福音に還れと主張していた。

川面は、内村の家庭集会で、人類の始祖は楽園から追放された罪びとであって、その子孫である人類は原罪を背負った存在であると旧約聖書が説いていることを学習した。

新約聖書は、歴史上のある時期に中東に現れた神のひとり子によってのみ人類は罪から救済されると主張していることを学んだが、この思想は、人間はもともと偉大な神霊の分霊をうけた光の子であるという日本古典の考えと鋭く対立するものと思われた。天地の終末と最後の審判があるという聖書の終末思想は、終わりも始まりもない古事記の悠久史観とまったく対照的なものであることもわかってきた。

川面は、聖書の創世観、原人観、宇宙観に触発され、古事記など日本古典が伝える伝統的な世界観をまとめなければならないと考え始めていた。古事記などに示されている宇宙観、霊魂観は、古い過去の遺物ではなく、今も日本人だけでなく人類の心理の最も深い古層に、意識されないながらもなお脈々と受け継がれていると思われたのである。

川面凡児は、著名な哲学者や宗教家と交流し、幅広く哲学と宗教の研究を続けるかたわら、宗教雑誌や新聞にしばしば寄稿してわずかな収入を得ていた。その忙しい合間を縫って、ときおり、分厚い原稿の束を取りだしては、朱筆で丹念に訂正を続けていた。

たまたまその姿を目撃され、「何の原稿ですか」と聞かれると、「これは自分の一生涯の仕事で、今は内容を語ることはできないが、いずれ発表する機会があるだろう」と答えていた。のち明治三九年（一九〇六）に発表された「世界教宣明書」はじめ、「日本民族の宇宙観」などの論考を完璧なものに仕上げようと腐心していたのである。

執筆に難渋したときは、御許山での蓮池仙人との出会いがなつかしく想いおこされた。白いイノシシにまたがった小柄な童顔の仙人は、いまも山にいるであろうか。いや、山だけではない、この貧しい草庵にも来て、背後から執筆を助けてくれているような気がしてならなかった。長大な論文が短時日にまとまったときは、仙人のお蔭以外にないと思われ、深い感謝の念を捧げた。

彼は、もともと人間自身に備わっているという「直霊《なおひ》」を開発して神人一体の境地に達する方法論を確立し、それを裏づける宇宙観と人間観を古代の文献や伝承から発掘していたが、それを内外に向けて体系的に発信しようと十年以上にわたってコツコツ文章を推敲していたのだ。実に驚異的な持続力である。

第二章　修行と研鑽の日々

第三章　太古の神道を説きはじめる

貧窮に耐えて

明治三九年（一九〇六）四月一日、東京の下町の粗末な草庵に一枚の門標が掲げられた。国家の命運をかけた日露戦争が終結してから、七ヶ月後のことである。

門標には「大日本世界教稜威《みいづ》会本部」と墨痕鮮やかに板書されている。しかし、「本部」と名づけるには、あまりにも貧しいあばら家である。八畳一間と三畳二間の小さい借家で、八畳間の隅に簡素な白木の祭壇がおかれているばかりだ。

こんな小さな借家で「大日本世界教」とは、狂気の沙汰ではないか、と道を通る人々は嘲笑《あざわら》っていた。そうでなくとも、おもわず苦笑しながら通りすぎる人がほとんどであった。名称は気宇壮大であるが、あまり現世のご利益《りやく》はなさそうに思われた。本当にご利益があるなら、こんな床の抜けそうな茅屋に住んではいないはずである。

しかし、草庵の主の川面は本気であった。

四月一日は、四十五歳の誕生日に当たり、この吉日を期して、遂に立ち上がったのだ。想いおこせば、二四歳のとき青雲の志を抱いて上京して以来、実に辛苦二〇年余の歳月がたっていた。宗教雑誌や政党新聞の編集にあたるなど紆余曲折の人生を送ったが、自分の立つべき場所をついに発見したのである。

やっと世界に向けて発信するにたる日本固有の思想と神学大系を盤石の信念を持って披瀝する準備が整ったのだ。古来の神ながらの道の中に、あらゆる宗教と信仰に共通する根源を見出し、それにより個人、家庭から国家、世界、宇宙の統一を図る原理を確立し、もって人類と宇宙を救済するいわば「宇宙の大道」を整えたのである。

川面凡児は、こうして世界教本部の看板を掲げて月に二回の入門講座を開始したけれども、参会する人はまれであった。内村鑑三の自宅集会をまねて、雨の漏るみすぼらしい借家で古道講座を開いたのであったが、参加者は内村の集会に比べても微々たるものであった。

世の中は、実用に役立つ洋学の時代で、いまさら一文の得にもならない古典学や日本神学を学ぼうというものは極めてまれであった。まして、得体の知れない「大日本世界教」を風変わりな白衣の行者から学習しようというものは、変人の部類に属した。

入門講座の聴講者は門人一人だけということもあったが、本人は意気軒昂、「いま我が叫ぶ声は、やがて世界の果てまでも反響するときがきっとくる」と確信を持って活動を開始したのである。聴講者がひとりと見えても、その周りに八百万の神々が聴講していることを彼は信じていたのだ。いや、はっきりそう見えていたのだ。

凡児本人の意気ごみは、確かに盛んではあったが、定収入がないため貧窮はいよいよ募り、二、三日腹を空かしたまま拝神の行をつづけることも珍しくなかった。だが、それも断食の訓練と思えば、ありがたいことであった。いよいよ糧食が尽きたときは、神前で琴を奏でながら、詩作にふけり、静かに時を過した。

凡児の身の回りの世話をしていた母の八津子は、非常に信心深い人であり、九三歳で亡くなるまで、定収入のない凡児のために、毎晩おそくまでタバコの紙巻きなどの手内職を続けていた。息子には、「神の道を説くものは、名誉や栄達をもとめてはならない」といつも諭し続けていた。

ところが、不足するとどこからか、食料の差し入れが入り、なんとか餓死からは免れていた。六昼夜、食事のないときがあったが、七日目に神前に赤飯を供える人がありいえをしのいだこともあった。見るに見かねた支援者のだれかが、そっと玉ぐし料を置き、味噌や衣類を差し入れてくれた。

丁々発止

そのうちにようやく、「谷中に不思議な仙人がいる。人の過去も未来も観とおす」と噂されはじめ、どんな学者も僧侶も仙人の学識には及ばないという評判がたつようになった。

評判に誘われて、毎日いろいろな人々が問答に来るようになった。西洋帰りの学者が哲学の議論に訪れ、禅僧が禅問答に訪れたが、ことごとく川面に論破され、気迫に撃退された。

穏やかな二十一世紀の現在と違って、明治のころ、人々は血気盛んで、論争を挑む気概にあふれていた。街に面白い人物がいると聞くと、押しかけていって議論を吹きかけるのが常であり、受けて立つほうも、丁々発止と対応していた。

ある日のこと、宗教会議の議長を務めたことのある高名な人物が来訪し、川面に議論を吹きかけた。

「人は自分の顔を自ら見ることはできないが、それと同じように、自分の内の神を見ることもできるわけがないのだ。貴殿の見解は間違っている」

川面は、静かに答えた。

「私は、人と会うとき、肉体の顔だけでなく相手の心も見ている。日本には、神代の昔から、ある鏡によって人の心を見、心の奥の心までも見る伝法があるのです」

川面は、来客の身体から湧き出る気体のような想念体を一目で見抜いて、相手の人物と意図を察し、臨機応変に対応していたのであった。肉体が体を持つように、心とその奥の心（霊）もある種のエネルギー体を持っていて観察できることを彼は知っていた。それを霊眼に映し出す異界の鏡を「天津鏡」と呼んでいた。

また、欧米に留学した学者が、川面を訪れ、神棚に神を祀る旧来の形式を厳しく批判したことがある。

「大日本世界教というからには、多少は進歩した教えかと思ったが、やはり、神棚あり、鏡あり、真榊《まさかき》あり、カビの生えた古い形式にとらわれているではないか。神はべつに神棚に祀って拝まなくても、大宇宙間に遍満しているではないか。貴殿の唱える世界教は、実に古臭い」

真榊と組み台

川面は、静かに答えていった。

「よろしい、形式を排するならば、まず汝自身という形式を打破しなさい。さらに、地球という形式、太陽系という形式、宇宙という形式を打ち破ってごらんなさい。汝自身を打ち破らんとしても、その破るというそのことがすでに形式、座りおることが形式、立っていくことが形式ではないか」

「いわんや、わが国の神壇に祭る真榊と組み台は、大宇宙の中心と分派を表徴したもので、世界各国、これ以上に大宇宙の神ということを形において、表しえたものはない。また、御鏡は、球体の宇宙を二つに割ったその反面を表す。形式において何の不都合があろうか」

「確かに、神は宇宙間にいまさざるところなし。然るに、天にいます、心にいますというのは、何故であるか。天や心にいますというならば、御社《みやしろ》にいますというて、何のいけないところがあるか」

川面凡児

実に、気迫あふれる回答である。洋行帰りの気鋭の学者は、最初の意気込みもどこへやら、タジタジとなって退散した。

祭壇に安置された鏡は、球体宇宙の表徴でもあり、異次元宇宙の表象でもある。祭壇に飾られる真榊とそれを据える組み台は、宇宙から注がれる中心本体のエネルギーとそれが分派して多様な現象と顕われる姿を表徴したものに他ならない。

川面は、伝統的な神事の形式を尊重し、それを通じて大宇宙の真理を述べ伝えようとしたのである。

古道の講義を始める

彼の自宅での古道講義は、毎月第一と第三の日曜日におこなわれた。来るものを拒まず、去るものを追わず、といった態度であったが、聴講者がたった一人でも、来れば熱心に道を説いた。表面的には一人に過ぎなくても、「わが声は、宇宙に徹し、顕幽を貫き、神人万有を震撼させている」と信じていたからである

川面の古事記講義は、一年を通して行われたが、本居宣長や平田篤胤など江戸時代の国学者による古典の文献学的解釈ではなく、「日本民族の霊魂観」、「日本民族の宇宙観、創世観、原人観」など、西洋の観点と論理を用いた斬新な古典分析であった。

通常は、次のような順序で論を進めた。

講義は、まず、「日本民族の霊魂観」がギリシャの身魂二元論とまったく異なり、表裏一元の身魂論であることから始まり、次に、「民族の宇宙観」は、創造と終末のあるユダヤ・キリスト教の宇宙観ではなく、始めも終わりもない永遠の生成発展観であることを説いた。

それから、「民族の原人観」では、キリスト教の原罪説と全く違い、原人はカミの延長としての光の子、霊嗣ぎの子であることを説き、最後の「霊肉修養法」において、人間の光の子としての本質を回復するため、霊肉を統一し、神人不二の境地に至らしめる方法論を、実際に身心の動かし方を指導しながら説明した。

川面の講義を聴いた人々は、「我が国にもこんな体系的な世界観があったのか」と驚嘆した。日本の伝統的な思想はすべて古くさく、文明開化の時代に合わないと信じ込んでいた知識人たちも度肝を抜かれたのである。やがて紹介が紹介を呼び、国学者や事業家ばかりでなく、海軍や司法省関係者などにも聴講者の輪が広がっていった。

日露海戦の名参謀であった秋山真之海軍中将も、「日本民族の宇宙観」を聴講し、川面の優れた分析力と謙虚な人格に驚嘆し、支援を惜しまなかった。秋山中将は、「天祐神助」といったものがあることを日露海戦で体感していたから、その由来を体系的に解き明かしてくれる川面の古典講義を熱心に聴講し、また有力な神社界の友人を聴講に誘った。

川面は、講義録を整理して大正元年（1912）に『日本最古の神道』を出版、翌年『日本民族の宇宙観』を出版し、ようやく世に知られるようになる。このころから、福島、静岡など各地に講演に招かれるようになり、政界、財界の要人の邸宅に招かれて講演した。政財界の重鎮たちも、日本の固有の思想を鮮やかに解き明かしてくれる分析力に感嘆したのであった。幼稚な未開の習俗にすぎないと思われていた神道に、精緻な神学が隠されていたことを知り、驚いたのであった。

大正十一年（１９２２）には、東京の新宿区に広大な地所を寄付され、新たに稜威《みいづ》会の本部を建設、その開所式には、四百人余が列席した。谷中の草庵に狭い道場を開いてから十六年目に、やっと本格的な講演会を開催することのできる施設が整ったのである。このころ、文部大臣、内務大臣、警視総監、陸軍中将、法学博士、貴族院議員、衆議院議員、神宮奉祭会会長なども聴講していた。

今泉定助

海や川で水を浴びる禊の手法は、大正六年から一般に公開されたが、高官たちも褌《ふんどし》一枚の裸をいとわず積極的に禊ぎに参加するようになった。

伊勢神宮奉祭会の会長を務めていた今泉定助は、神道界の第一人者と謳われ尊敬を集めていたが、六十才近い高齢にもかかわらず、大寒の禊ぎなどを体験し、優れた行法であることを確認した。今日、伊勢神宮の五十鈴川で行われている禊ぎは、基本的に川面方式を踏襲しているが、これは今泉の提唱により導入されたものである。

大正十三（1924）年に挙行された大寒の禊ぎでは、満州はじめ、新潟、岩手、福島、長崎、兵庫、栃木の各県より、男女三十七名が参加した。このとき、フランス人の宗教研究者センティレール・フィリップも参加し、凍てつく海辺で荒行に挑んだ。彼は、次のように語った。

「自分は、日本の純粋なる信仰を見たいと思ったが、今度禊ぎに参加して、初めてその精神がわかりかけたようである。川面先生は、日本一の神道家であると聞いたが、いかにも、世界的な立論である」

稜威《みいづ》とは何か

川面の標榜するところは「大日本世界教」であったが、決して宗教団体を作ろうとはしなかった。彼のいう「世界教」は、米国から主唱するときは、「大米国世界教」と称してよく、独国から宣明するときは「大独国世界教」と称してよいという開放的なものであった。

米国にも独国にもそれぞれの国魂があって感性や表現方式が異なるから、「大米国世界教」、「大独国世界教」と公称して差しつかえないというのである。川面の世界教は、各国の国魂を包摂する宇宙の大道であり、天下の公道とも言うべきものであった。

「稜威会は、教会ではない、天皇陛下に表徴される宇宙のミイヅを世界に輝かす同人クラブだ」とよく語っていた。

「だから、私は教主ではないし、門人も弟子もいらない。道を探求する同人が集まってくればそれでよいし、私も同人のひとりにすぎない」

稜威会は、川面の意向を踏まえ、宗教法人の登録は避けていた。ひとつの宗教団体を作ってしまうと、組織を維持しようとして堕落が始まることを警戒したのである。

また、一つの神道教会をつくると、仏教徒もキリスト教徒も遠ざかり、すべての宗教を包摂する世界教の趣旨に反してしまうのを恐れていた。稜威会は、当初は、こうして宗派を超えた任意団体として発足した。

稜威会の設立趣旨について語るときは、大意、次のように紹介した。

「稜威会は、宗教家の集まりでもなく、怪しい加持祈祷、卜占をおこなう団体でもない。ただ、朝夕、神威を賛美し、お守りのかたじけなさに感謝し、報恩の天職を尽くすものである」

川面は、朝夕神威を賛美し、神恩に感謝する拝神の法を会員に伝授した。世間の怪しい加持祈祷を排斥し、千里眼などの超能力を追求するのでなく、朝夕に、神と念い、神と語り、神と行う正しい信仰生活にはいり、さらに神人不二の自覚を深める修法をおこなうよう求めた。会員の一人一人が、いわば在野の神職となるよう勧めたのである。川面の稜威会は、近代的信仰としての古神道を確立したとみてよいだろう。

川面は、太古神道における日本民族の信仰と思想は、釈迦、キリスト、孔子を包摂するものであり、諸宗教の立ち帰るべき源泉であると説いた。彼の基本思想は、次の言葉に代表されている。

「宇宙の根本神の名称は、国によって異なるが、その元は同一であるから、直ちにそれらを排斥するものではない。ただ、日本最古の神道を本とする信仰、解釈と実行は、列国の宗教、哲学と比較しても、はるかに傑出しているから、これを広く世間に知らしめたいと思うのである」

稜威《みいづ》会の「稜威」とは、宇宙の直霊《なおひ》が霊出《みいづ》することを意味していると川面は語る。「天の御中主太神の霊《み》としてのミタマが分出、分派すること」である。それは、ふだん見えない光（霊駆り、ひかり）として天を翔けり、地を駆けている。

ミイヅは、毎瞬、毎瞬、幽顕両界を通じて旋回運動しつつ分出、分流している宇宙の根源力であって、これを常時ありがたく心身に拝受し、正しい言行を通じて天に社会にお返しすることが、会員の責務とされたのである。

みいづ（霊出）した直霊は、ただ今この宇宙に満ちみちている。山川草木、森羅万象に満ちみちている。だから、「道とは霊性の満ちているという意味である」と川面は説いた。

神道は、たとえて言えば水のようなものであり、キリスト教や仏教はワインであり、シャンペンであると川面は説明した。ワインやシャンペンは、水がなければ醗酵しないのだから、まず諸宗教の大本である神道という純水を飲むべきであると主張した。川面は、万教の帰るべきふるさとは太古の教えである古神道と力説した。

世界のあらゆる河川は、ひとつの大海に流れ込んでいる。同じように、世界の宗教、信仰は、日本の道すなわち宇宙の道に合流するであろう。大海は蒸発して雲を産み、雲は降って川となるように、宇宙の道が降りくだって各民族の言葉で表現したものが、仏教、ヒンヅー教、ユダヤ教などに分派したのである。

ただし、この真理は、今すぐは理解されないであろう。川面は、こう語っている。

「自分の教義はそう早く世に入れられるものではない。自分はむしろ一生埋もれ木で終わるを本懐としているので、生前に一人の友がなくとも、死後に百万の友あるを望んでいる。稜威会の主張が世に認めらるるは、およそ七世代、二百年の後であろう」

第三章　太古の神道を説きはじめる

第四章　国家神道を批判する

世界宗教としての「道」

川面が太古の神道を復活させようとした当時の世相は、明治の「文明開化」と称して、欧米文化の模倣に走り、日本古来の思想と伝統は忘れられようとしていた。帝国の統治体制や民法、刑法などは、ドイツやフランスを模範として導入されていた。

大学の学問は、法律学、西洋医学、理工学など洋学が主体で、学生は、官吏か、医者、軍人の道を志望していた。政府の高官は、利権を求めて財閥と結託し、都市の住民は、道義よりも金儲けに狂奔していた。

神々の神託や霊能は、学者たちから、荒唐無稽な世迷い事と嘲笑されていた。科学的な方法で観察できるものだけが実在するという洋学の科学信仰が文明開化を指導し、個人の利益を公共の利益よりも優先させる個人主義と功利主義が巾を利かせようとしていた。

このまま放置すれば、国民は、伝統的な価値観や奉公の精神を忘れた根無し草となり、物質文明の中を孤独に漂流するほかなくなると川面は憂慮した。川面は、自らの神秘体験と照らし合わせつつ、民族の意識の深層に潜む宇宙観と人間観を古典や伝承の中から発掘し、それを元に文明開化の時代を指導する国民的な生活原理と価値観を近代論理を用いて提示しようとした。

「日本には、世界に卓越した大道がある。いたずらに外のみを見ず、内を顧みよ」と警告した。しかし、だからといって、偏狭なナショナリズムを鼓舞しようとしたのではない。こんな開明的な発言もしている。

「現代はすべてが世界的となったから、ひとり日本のみを思うているようではいけない。日本はすべての科学文明をみな外国人のお世話になっているではないか。これではどうにもならぬ。我より進んで、世界の人に説くようにならなければならない」

川面は、太古神道の宇宙観と霊魂観を基礎にした新しい科学と思想と信仰を発展させ、これを世界に発信しようではないか、と呼びかけたのである。時間は大正年間から数えて約二百年かかるであろうが、それ以外に、弱肉強食の世界と人心を平和に導く指導原理はないだろうと考えた。太古神道を基礎にしてキリスト教や仏教を包括した新しい世界教を作らねば、宗教間の対立と紛争が続き、平和な人類の発展は望めないと考えていた。

彼は太古神道を基礎にした「世界教」の教義を確立し、広く世に問うたが、それは、とりもなおさず、明治政府の神道政策に対する明白な異議申し立てでもあった。

二百年後をまつ

当時の帝国政府は、国民に忠君愛国を要請し、民族神の崇拝を求めていたが、その根本の意味を知らず、また宇宙と人生の根本義を探求しようともしなかった。形式的な行事と礼儀作法を強調したにすぎなかった。

というのも、明治十五年以降、神社神道界は宣教を禁止され、「神道は宗教ではなく国民の習俗、慣習にすぎない」という非宗教化政策がとられていたからである。

明治三三年には、内務省に神社局と宗教局が創設され、宗教局管轄下の教派神道や仏教、キリスト教は、宇宙観や人間観について独自の教義をもった宗教と認められたが、神社局管轄下の神社は、教義をもった宗教ではなく、非宗教的な習俗としての祭祀をつかさどるものと位置づけられた。

この当時の非宗教的な神社神道は、今日、一般に「国家神道」と呼ばれているが、この非宗教化路線を推し進めたのが、神道の教義も祭祀の本質も知らない内務省の官僚たちであった。

また学者たちも、論理的に明晰な言葉で意味を表現されない神道の祭儀は、未開の風習ないし時代遅れの慣習に過ぎないと考えていた。

洋行から帰朝した東京帝国大学教授の久米邦武は、神道は未開の時期に「天を祭り、攘災、招福の祓いを為す古俗」に過ぎないと批判した。だが、学者も役人も、実は、神道の神学も祭祀も行法もほとんど知らずに発言していた。伝統文化に対する無知と無理解を暴露していたに過ぎないといってよいだろう。

川面はこれに対し、講演を通じて、これまで謎とされてきた古事記、日本書紀、祝詞などの神秘を解き明かし、古来の日本民族の霊魂観、宇宙観、創世観を基礎において世界に通用する宇宙の大道を再構築しようとした。

しかし、神道のもつ偉大な宗教的生命力を回復させよという川面の主張は、神道学者の今泉定助（伊勢神宮奉斉会会長）などに受け入れられたが、内務省の神祇官僚の厚い壁を打ち破ることはできなかった。もしそれを認めるなら、たちどころに祭神論争や祝詞の正統性論争が沸き起こり、仏教界からの反発を招き、収拾の付かない事態になることを官僚たちは恐れたのである。

神社神道はあくまでも、国民共通の儀礼と道徳規範にとどめておかねば国民の統合ができなくなると内務省の役人たちは考えたのであった。神道の各宗派に、自由に神がかり的な宣教をゆるすと、収拾がつかなくなるばかりか、皇室の尊厳をも揺るがす事態になりかねないことを恐れていた。

戦前に忠君愛国を唱導し、軍国主義ないし極端な国家主義を宣撫したとされる神道は、今日、「国家神道」と名づけられているけれども、それは、実は神道の形式に名を借りた国民統合のための「統治手段」のひとつにすぎなかった。だから、右翼も左翼も、仏教徒もキリスト教徒も、形だけの神道祭礼に参加し、形式的な徳目に従ったのである。

明治政府の神道政策なるものは、結果的に神官から思考力と表現力を奪い、神秘に近づこうとする民衆の宗教的欲求を抑圧してしまったと言うべきであろう。その結果として、神道から宗教的生命力を奪い取り、形式的な祭礼に形骸化させてしまったように思われる。

宇宙を読み解く

近所の人からは、不思議な「仙人」とみられていたこの人物は、実は、大変な学者でもあった。奈良朝以前に行われていたという太古神道の行法を復活させ、世界の諸宗教を包括する画期的な神学体系を確立し、後世のために膨大な著作集を遺してくれたのである。

単に幽界を自ら探訪するだけでなく、その観察に基づき、宇宙は幽界（潜象界）と顕界（現象界）の相互作用の上に成立しているという幽顕一体の宇宙観をはじめて近代論理を用いて解き明かそうとした。人間は、身《み》、魂《たま》、霊《ひ》の三次元よりなる存在で、魂の奥の奥にある霊《ひ》は、大宇宙の根本霊《おおなおひ》の分霊であることを、古典の言葉でなく現代語を用いて論理的に説明しようとした。

川面凡児には、今生でなすべき己の使命について強烈な自覚と自負があった。自分の使命は、大和民族が太古の昔に実践していた「神ながら」の行法と神学を解明し、それに基づいて大宇宙を体系的に説明することであり、そして、それを自分が初めて達成したのだと考えた。

「宇宙」の「宇」は、空間を意味し「宙」は時間を意味するから、宇宙とは、「時空」に他ならない。時間も空間も独立して存在するものではなく、一つの「時空」のある側面にすぎないと彼は考え、その時空の本質を明らかにしようとした。時空は、ある中心とその無数の分派の絶え間ない躍動的な相互作用によって成立していることを明晰に説明しようと奮闘した。

与えられた残りの人生で、この真理を後世に伝える著作を書き遺し、併せて禊ぎを中心とする霊性開発のための太古の行法を多くの人々に伝授しておかねばならない。

そうすれば、自分の死後も日本人として生まれてくる数千万人に宇宙の根本原理と人生の針路を示すことができ、闘争に明け暮れる混乱した世界を日本が先導して立て直し、平和裏に統合していくための思想体系と手法を伝えることができる。とても、個々人の病気治しや占いにうつつを抜かしている暇はないのだ。

川面翁は、ひたすら睡眠時間を削り、講演のため全国を移動する汽車や汽船の中でも、寸暇を惜しんで執筆に取り組んだ。春になっても、執筆に没頭し、花見を忘れるほどであった。運よく著作が出版されると、「俺の墓がまたできた」と言って喜んだ。

翁の膨大な著作は、『川面凡児全集』全十巻として戦前と戦後に発行されている。

著作の中で興味深いのは、混乱と動乱の止まない当時の支那に普及させようと、漢文で太古神道の神髄をまとめた長大な論文（『天照太神宮』）を発表していることである。道教文化を持ち人口の多い支那にまず及ぼし、その後西洋に普及させようと遠大な計画をたてたのであった。漢文でかかれた重厚な著作は、現在の中国や華僑社会にも読んでもらいたい重要な文献である。

第四章　国家神道を批判する

第五章　禊ぎの作法

深山《みやま》の滝で

「イーエッ」、「エーイッ」

裂帛の雄ころびが、山中の滝壺に響き渡る。

天高く掲げた右手の二本指の剣印が、滔々と流れおちる目前の滝水を目がけて、渾身の雄ころびとともに振り下ろされる。「イーエッ」、「エーイッ」

白鉢巻を額にきりりと巻いた十数人の男たちは、ふんどし一枚の身を絶叫の気合で引き締めたあと、高い崖から降り注ぐ滝水の中に、やおら身を沈めていく。

ここは、北軽井沢の標高八百メートルの奥深い山中である。立ち向かう崖から冷たい滝が幅約二十メートルにわたって流れ落ちている。勢いの強い左側の男滝と流れの緩やかな右側の女滝からなるので、「相生の滝」と呼ばれている。浅間山系の無数の湧き水が集合し、ここに滔々と流れ落ちる「相生の滝」と姿を変えている。

水の勢いは、崖の途中でいくつもの岩に阻まれて落ちるため、それほど強くはないが、夜が明け初めたばかりの午前五時前の滝水は、夏八月とはいえ、凍りつくような冷たさだ。

首から下を滝水に包まれた男たちは、組み合わせた両手を丹田のあたりで盛んに振り続けながらしびれるような冷たさにじっと耐えている。古伝の魂ふりの行である。宇宙の気を丹田に取り入れつつ、全身の細胞のありったけの力を奮い起こそうとしているのだ。凍てつく全身の細胞の八十万魂を励起させようとしているのだ。

裸身の男たちは、老若ともども、体に沁みこむ冷気を吹き払うかのように、さらに大声を張り上げる。

「オオハラエオドノオオカミ」、「オオハラエオドノオオカミ」・・・・

降り注ぐ滝水を背に受けた男たちは、心身と宇宙の祓い清めを司る大祓戸大神《おおはらえおどのおおかみ》に呼びかけながら、必死に魂ふりの行を続ける。浄化の神のご助力を得て心身に積もり積もった罪と穢れを洗い流そうとしているのだ。

今や、滝のしぶきの一つ一つも、祓戸の神と化し、全身の細胞を隅々まで洗い清める。絶え間なくザーザーと降り注ぐ滝の音も、また神と化し、音の振動に包まれた全身を聖化していく。罪と穢れを祓いに祓い抜き、さらに魂ふりによって心肉を完全統一すれば、ヒトのナオヒ（直霊）が開かれ、宇宙のオオナオヒ（根本直霊）との融合が達成されるはずなのだ。このとき身体は、川面の言葉を借りれば「玲瀧たる白玉」のような結晶体に変貌しているはずなのである。

だが、このつらい修行は、決して自分一人のためではない、世のため、人のため、そして代々の祖霊と子孫のためにがんばっているのだ。川面の言葉によれば、「わが身のみの罪と科《とが》を祓い禊ぐのでなく、すべての人類万有の罪と科とを祓わなければならない」のである。

白鉢巻を凛々しく締め上げた男たちは、禊ぎの場所を次々入れ替わりながら、流れ落ちる隣の冷たい白糸の滝に挑戦を続ける。二本指の沼矛《ぬほこ》を天高く掲げ、渾身の雄ころびを放ちながら――。

「イーエッ」、「エーイッ」、「イーエッ」、「エーイッ」

相生の滝にて（北軽井沢）

川面凡児が、初めて一般の参加を認める禊ぎを挙行したのは、大正六年夏、場所は、この北軽井沢の山中の相生の滝であった。公募の禊ぎは、門人の所有するこの山中で、この年八月十一日から七日間にわたって行われた。

一週間続く行は（現在は五日間に短縮されているが）、こんな要領で進められる。

午前四時、腹に響く太鼓の音を合図に一斉に起床。鳥船などの準備運動を行ったあと午前五時から、滝場に向かい禊ぎを行う。瀧水を浴びる禊ぎは、午後二時にも再び行われる。その前後に、神前に正座し、組み合わせた両手を下腹の位置で旋回させる魂ふりを行いながら拝神の祭儀をおこなう。一回あたり約二時間をかけ、就寝前まで一日に四回も繰り返す。祭壇に、天御中主太神を祀り、道彦と呼ばれる指導者が独特の幣さばきで神前と参加者を祓いみそぐ。天に舞い上るかと思えば、また地に練り下る螺旋状の幣のさばき方である。

祭儀においては、天御中主太神から天照大神、天津神、国津神、地主神まで八百万の神々の御名を延々と称えつづける。「大神、大神、みいづ耀く尊しや」。宇宙と地球にもろもろの神々の光り輝くミタマが重層的に満ちていると信じ、それぞれの御名を感謝の気持ちを込めて朗誦するのである。食事は、一日二回で、玄米粥と梅干し二つのみ。午後九時に就寝する。

行の参加者は、正座する足の痛みに耐え、滝の冷たさに耐え、夜は体が興奮して寝付けないつらさに耐える。禊ぎをした後は、全身の細胞が励起して興奮状態になり、寝付けなくなるのである。空腹に耐えかねる人もいる。

しかし、日を重ねるにつれ次第に余計なことは考えなくなり、祝詞の音霊に集中し、魂ふりの行に没頭するようになる。三日目頃には、朝晩の生活リズムに慣れてきて、疲労感は峠を越える。筆者の体験では、雑念を離れ、何も考えない境地に近付き始めるのが、三日目ごろからである。千々に乱れがちな知情意のはたらきは次第に統一され、無我無心の境地に近づき、心身共に根本の直霊に立ち返ろうとする。

この川面流の禊行においては、魂ふり（またはふる魂）と呼ばれる動作が中心的な位置を占めている。魂ふりというのは、右掌を上にして十字に組み合わせた両の掌を下腹部に添えて旋回させる動作である。凍てつく滝水の中では、必然的に力がこもり全身が激しく揺さぶられるが、畳の上で正座して行うときは、緩やかで小刻みな動きになる。

体を固定して瞑想する座禅に対して、これはリズミカルな反復運動を通じて集中を深める行である。いわば動中に静を求める行といってよいだろう。組んだ掌を下腹で旋回させると、それにつれて下腹で気の流れが旋回し、凝縮していくのが感じられるから、じっと足を組んで参禅しているよりも、丹田に気を練りこむのに好都合である。この魂ふりと呼吸法の組み合わせによる心肉の統一が、本来の意味の「魂鎮め」であると川面は力説している。

禊ぎは、神学的に言えば、水で身心霊の罪、穢れを削《そ》ぐとともに、宇宙本体の霊《ミ》を注ぎ入れることを意味している。外清浄と内清浄を兼ねた行である。身を切るような内外の禊ぎによって、宇宙本体と心身の統一あるいは神人合一が成就するはずなのである。

しかし、それは自分自身の浄化のために行うのではない、と川面は警告する。

「自分ひとりの幸福のための修行であるならば、かえって自ら罪を作りつつある」

「禊ぎ祓いは、天下国家、世界、宇宙のための修行でなくてはならぬ」

禊ぎによって人の罪も引き受け清めるとともに、世界と宇宙を霊化するまで進みいけというまことに厳しい要求である。川面は、世のため、人のための禊ぎであることを忘れるな、とこんな歌も詠んでいる。

人の子に罪あらば　われみそぎして　清めはらはむ　その罪をこそ

禊ぎの起源は

禊ぎそのものの起源をたずねていくと、古く記紀神話に辿り着く。

神話によれば、イザナギの大神は、恋しい亡き妻イザナミに会いたくなり、黄泉の国を訪ねた。ところが、「わが姿を見てはならぬ」というタブーを犯したため、イザナミの怒りを買い、命からがら逃げ帰り、筑紫の日向の橘の小戸の阿波岐原で水を浴びて、黄泉の国の穢れを祓おうとした。イザナギが海中に入って身を濯いだところ、浄化のはたらきを担当する祓戸の神々が誕生したという物語である。

この禊ぎの流れは、残念ながら奈良朝以降、衰微してしまったと川面は語る。

「禊ぎの流れ、青によし奈良の朝廷以前には、祓いのあとには海に川に禊ぎをなしたるものなり。この祓い禊ぎの祭りの時に、神代の神の秘事を語り伝えるとともに、その秘事たる神事をも体得実行せしめたるものとす。奈良朝以後、漢学仏教の盛んなるとともに、人々外に走りて内を忽せにし、遂に措いて顧みざるようになり、祓いの祭りも本の形式ばかりとなりまた禊ぎするものとなれば、神代以来の神事秘事は次第次第に衰退するにぞ至れにける」

奈良朝の貴族も役人も、出世のため漢学を学習し、あるいは渡来した仏教に走り、伝統的行事は軽視するようになった。ごくわずか、一部の神職が、古来の風習を守っていたものの、無学にしてその意味を知らず、研究して宣布しようともせず、ただ頑固一徹でますます時代から取り残されてしまったという。

平安時代に入ると、瓜実顔の貴族たちは、冷たい水に浸かる気力も体力も失い、禊ぎは、ますます形式化していった。源氏物語によると、光源氏は、須磨の海辺で、「禊ぎ祓へ」の神事をおこなったことがある。といっても、裸になって潜水したのではない。身の穢れを人形に移し、それを、舟に乗せて海に流しただけであった（源氏物語第十二帖「須磨」）。

光源氏は、なにか気がかりなことがあって気持ちが晴れないときは、「禊し給ふべき」という忠告に従い人形を流したのであったが、もうこの頃には、禊ぎとは人形に代行させることを意味するようになっていた。禊ぎは、古来の修行の要素を失い、人形に祓いを代行させる方向に退化していった。

さらに時代が下ると、人の形にくりぬいた紙型に息を吹きかけて罪、穢れを移し、それを神職が代行して海川に流すようになる。また、神社で願い事をするときは、海川や井戸端で潔斎してからおまいりするのが昔からの約束事であったが、氏子もますます怠惰になり、神社の入り口に置かれた手水鉢の水で、手と口を濯ぎ、それを禊ぎの代わりとして簡略化するようになったのである。

川面は、簡略化されてしまった禊ぎの風習を、「奈良朝以前」に戻そうとしたのである。「天皇」と呼ばれる以前のスメラミコトが、みずから海川に飛び込み、禊ぎをしていた意気盛んな昔に戻そうとした。奈良朝以前の日本民族はスメラミコトを見習い、至るところで禊ぎを行い、神人一体の境地を開発する努力を怠らなかったという。

「祖国伝統の禊ぎ祓いと身魂振りの神事を修めるときは、直霊が開けてそこに神人一体の境地、すなわち太占《ふとまに》の神境に達することができる。ただ、その神伝が、儒仏渡来して以来、ひさしく我が民族に顧みられざることになってしまったことは、まことに遺憾なことである」

禊ぎを修めて「太占の神境」の一端を味わわないと、古事記などの古典を理解することはできないと彼は考えていた。神代を研究するには、禊ぎの流れを汲み、宇宙の真理を「体察、体認、体験」しなければならないと主張した。禊ぎを通じて体認しなければ、古事記など日本古典にいう神や霊、魂の解釈はできないと強調した。本居宣長や平田

昭和三年下関にて

篤胤流の古典の文献学的解釈だけでは不十分で、禊ぎの体験を通じた神秘的解釈に達しなければならないという。

「禊ぎの神事を密伝せられたるものならでは、三紀を解することもあたわず。神代の淵源するところをも会得しうべきものにあらず。本居、平田諸大人の解釈は、原語文字の解釈としては、その労もとより尊重すべきも、神といい、霊といい、魂ということに至りては、ほとんど明確なる解釈を下すことあたわず。これ、その伝を受けざるがゆえに、この不可能に接着したるものとす」

六種の身体作法とは

川面流の禊ぎは、大正半ば以降、ほぼ全国的に知られるようになり、神社神道界の一部においても神職養成の一手法として受け入れられた。それまで、神道界において、修行の要素は、教派神道十三派を除いて希薄であったが、由緒ある神社神道界の一部が川面流の行法を部分的に取り入れはじめたのである。

伊勢神宮の教学部門を担当する神宮奉斎会の会長として著名であった今泉定助も、六十歳に近い身で冬の寒禊ぎに参加し、その意義を認め、川面流の行法を五十鈴川での禊ぎに取り入れた。現在も続けられている五十鈴川の禊ぎは、明治天皇の御製を朗誦するなど神宮独自の作法も加えているが、鳥船、ふり魂、雄ころびの技法など基本的に川面流を踏襲している。

ここで、いわゆる禊行には、狭義と広義の二つあることに留意しておきたい。

狭義の禊行とは、滝場や海辺で潜水する作法とその前後の鳥船、雄ころびなどの準備動作をさす。広義の禊行は、それに加えて神前での祓い行事や祝詞読誦、発声法、呼吸法を含む一連の系統的な作法を意味している。神社神道の各神社は、それぞれ独自の拝神行事と祝詞をもっているので、神社神道界の一部で採用されたのは、あくまでも狭義の禊行のみであった。

これに対して、川面の提唱した広義の行法は、春夏秋冬の会員合宿において行われ、祓い、禊ぎ、ふり魂、雄たけび、雄ころび、息吹という六つの作法を系統的に組み合わせたものである。それにより罪、穢れをはらうとともに、天御中主太神の稜威（みいづ、霊出）にみそがれ、一体となることを目指そうとしている。それぞれの作法を以下、簡単に説明しておこう。

「祓い」は、神前において御幣の祓いの風を受けることにより、外から侵入してきたマガツヒを払うとともに、太神の風の直霊を身体にはりめぐらすことを意味している。マガツヒは「質あり体ある微分子」であって、隙のある人間に侵入しようと待ち構えている動的な存在である。

祓いを行うときは、参会者を祓うだけでなく、宇宙万有もあわせて祓うのである。現在の神社神道の祓いは、左、右、左と三回振るだけであるが、稜威会の幣祓いは、左上に、右下に回転し、あるいは８の字に回し、気合と共に振り下ろすなど独自の躍動的なものである。

「禊ぎ」は、祓ってもまだ残留する穢れを水によって「そぎ削る」とともに、「水を注ぐがごとく神の霊《ミ》を我の霊に注ぎいれる」ことである。滝場や海辺において、我をみそぐだけでなく、宇宙万有の穢れをみそぐというところに特徴がある。個人の行事ではなく、宇宙的な行事なのである。

「魂ふり」の行は、鼻より神の息を吸い込み、下腹に溜めながら、組み合わせた両掌を振り動かすことによって全身の細胞の「八十万魂」を活性化し統一を図ることをいう。魂ふりは、丹田において統一しながら魂体のエネルギーを増殖させること、魂殖《ふ》りなのである。両掌の旋回エネルギーを、霊体のエネルギーに転写し、増殖させることである。この魂ふりの継続による身魂《みたま》の統一を、川面は最も重視した。

「雄たけび」の構えは、両の拳を腰に添え「イクタマー、タルタマー、タマトマルタマー」と叫び、宇宙本体よりわが身に発顕し、わが身を充実させ、再び宇宙に帰一しつつあるミイヅを賛美する。発顕《イクタマ》、充実《タルタマ》、帰入《タマトマルタマ》という三つのはたらきは、毎瞬、毎瞬宇宙全体で繰り返されて、ふたつのムスヒの流れ（拡大と収縮）を生み出しているとみて、その強化、拡充を宣り上げる作法である。

次の「雄ころび」では、右上に振りたてた剣型の二本指の手印を勢いよく振り下ろしつつ「イーエッ」と大音を発して、我が身魂より排出されたマガツヒを含めもろもろのマガツヒを制圧し、「エーイッ」の発声とともに右手を元の位置に振り上げてマガツヒを悔悟浄化させ、救いあげるというものである。右上に振り上げるときは、左巻の渦を巻いて高次元に救い上げる。

最後に、静かに長く息を吸い、腹中に溜め、できる限り耐えつつ全身の毛穴から徐々に吹き出だす「裏息吹」の法を行うが、このやり方のほかに五通りの息吹の秘伝があるという。川面のいう息吹とは、単なる呼吸法ではなく、神気を吸い込み、体内を浄化する手法である。

以上の六つの身体作法を組み合わせたものが本来の禊行であると川面は説明しており、このシステム的な修行を経てフトマニの「魂鎮め」の境地に達することが、最終的な目標とされる。そのなかで特に推奨されているのは、裏息吹と組み合わせた魂ふり（ふる魂）の行を日常不断におこなうことである。

裏息吹とは、鼻より神の分霊なる直霊を吸い込み、息をできる限り永く止めて全身の細胞で呼吸することをいうが、このとき、組み合わせた両掌を下腹で旋回させつつ息を止める。と同時に肛門を腹中に締め上げ、その間に吸収した直霊でもって全細胞の八十万魂《やそま》を浄化しようとするのである。止息によって酸素の欠乏した全身の細胞が刺激されるとともに、魂ふりの意識的な旋回を通じて、丹田が刺激され、丹田開発が早く進むものとみられている。

実際に試みてみるとわかるが、腹中に熱い玉のイメージを造りつつ、掌振りに意識を集中するので、雑念が湧きにくい。数息観を続けながら行う静的な座禅に比べ、入ってくる雑念が少ないように思われる。これを続けていくと、早くフトマニの境地に達するという。

第六章　太占《ふとまに》の境地へ

八つの鳥居をくぐる

川面によれば、人は、自らに備わる和身魂《にぎみたま》を通じて神の存在をある程度「察知」できるが、魂ふりを中心とする一連の行によって直霊《なおひ》を覚醒させなければ神人一体のフトマニの境地を「体験」、「体認」することができないという。だが、それは、さほど難しいことではないとも語っている。

「瞑目して、我自らナオヒであると強く念じ、ふり魂に集中すれば、そこに心肉が統一結晶し、我みずから神たることを得るのです」

ヒ（霊）の溜まった存在であるヒトは、ナオヒの開発によって神人不二を「体認」しなければならない。それがこの世に再生してきたヒト（霊溜）としての最終目標であって、今生で一遍に達成するのは無理としても、次に生まれ変わった時に、少しずつ前進していけばよいという。

要するに、単に頭で神を考えたり、頭で祈ったり、説教を聞いたりするだけでは足りないというわけである。考えをやめると、考えられた神はたちまち消え去り、説教をやめると説教された神はたちまち逃げ去ってしまうからである。一心不乱に魂鎮めの行を続けていけば、言語で神を思考したり、説教を聴いたりすることには次第に興味を失っていくはずなのである。

では、川面が提唱する一連の身体作法を続けていけば、どのような境地が開発されるのであろうか。念いと言葉と行いを正しく整え、朝夕の拝神を怠らず、そしてふり魂を中心とする行を続けていけば、直霊が覚醒するといわれるが、その場合の覚醒とはどのような状態をさすのであろうか。

川面によれば、ナオヒが開発され、霊

大正十三年熊本県にて

眼が開けると、八段階で神秘体験が深まっていくという。彼は、システム的な行によって意識が変容していく過程を、「八つの鳥居をくぐる」と表現し、それぞれの鳥居について現前する境地の模様を示唆している。

まず最初の鳥居では、暗闇の中に水蒸気のようなおぼろな光が顕われるとともに感覚が統一され、あらゆるものの差別を超絶した平等一体の透明な境地に包まれる。この段階では、自己と他者の区別がなくなり、すべてのものと一体となり、一つの光に同化された心地よい境地に導かれるという（ただ、ほとんどの修行者は、この段階で終わるようである）。

次の鳥居に入ると、平等に照らし出された一色一光の中に小豆大の緑色の光が顕われ明滅を始める。暫くすると、緑の光が消えず眼前に定着するようになる。

第三の鳥居をくぐると、小豆大の緑光は眼前に浮かんだままで、和身魂としての自分の面貌がはっきり顕われ、これを鏡に写したようにはっきりと見ることができるようになる（ちなみに霊能者であったルドルフ・シュタイナーは、「正規の修行を通して霊的感覚器官を育成すると、自分自身の姿が最初の印象として自分の前に顕われる」（『神秘学概論』）と説明しているが、その境地はこの第三の鳥居に相当するように思われる）。

さらに進むと、緑色の光が次第に大きくなり、その中に、山や川、家屋や風景が走馬灯のように顕われてくる。自分の過去の経験や未来の情景がめまぐるしい映画のようにばらばらに映し出されてくる。

第五の鳥居では、走馬灯のように巡る映像が落ち着き、自分の知りたいものが、文字あるいは事物となって顕われる。ちょうど、湖水に周囲の山影が映し出されるように、和身魂に記憶された宇宙万象のある映像が映し出される。これを天津御鏡《あまつみかがみ》と称するが、それを見て、予言をしたり、相談者の困りごとを言い当てたりすることができる（川面が、南極大陸の情景や関東大震災を透視したのは、たぶんこの第五の鳥居においてであったろう）。

次の六番目の鳥居においては、天津御鏡の緑の光は次第に薄くなり拡散し、平等一体の境地が深まる。この天津鏡に映し出された映像の意味を詳しく知りたいなら、その目的地に我が奇身魂を飛ばしてよく見定める必要がある。奇身魂の光は、千里を隔てていても一瞬のうちに目的地に雄走りするので、目的地の情景をありありと透視することができる。

もちろん、箱の中の物を透視したり、天井を突き抜けて夜空の星を透視したりすることも容易にできるという。この第六の段階に達すれば、遠方にいる友人の姿を拝見し、ともに語り合うこともできるようになる。欧米でいう双方向のテレパシーあるいはクレアヴォイアンス（透視）に相当するものである。

また、この段階では、死者を招き、死者と語り合うこともできるようになる。日本民族は少なくともこの「生死一貫かむながら」の段階に達しなければならず、この境地において祖先を祀れば、祖先もまた子孫を護り給うという。

最終はフトマニの境地へ

次の第七の鳥居は、神と出会う境地である。緑の光が澄み渡る真澄鏡のなかに、各自の信仰する神明の姿を見る、あるいは声を聴くのいずれかができるようになる。生者や死者に相対する場合には、姿を見ると同時に声を聴くことができるが、神明に相対する場合は、この段階ではいずれかに限られるという。

天皇が大嘗祭、新嘗祭において御鏡と一体になる同床共殿の神事を修められると、「イメの境」に導かれ、祖神、祖霊と語り合われると川面は説いているが、それはこの第七の鳥居に該当するのではないかと思われる。夢や幻を見る人は現実の状況を全くみていないが、「イメの境」においては、目前の状況を見ながら、同時に時空を超えたある場所を二重写しに眺めている。夢でも幻でもない「イメ」の境地である。この顕幽一体の境地をもって世界人類を教導感化していくことが、天皇と日本民族の使命であると川面は力説する。

この段階を越えて、第八の鳥居にすすむと、神明の御姿を拝すると同時に御声を聴くことができるようになる。この最終の鳥居で直霊が覚醒すれば、直霊自身の流れきたった過去の由来をさらに過去の過去へと遡り、あるいは未来の未来の未来へと追っていくことができる。

現在の一世に、過去、現在、未来の三世が含まれ、過去、未来の一世においてもそれぞれ三世が含まれ、「相互に関連しつつ、流れ出で、流れ止まり、流れ去り」つつあるが、その実相があきらかにされるのは、この最終段階における魂鎮めの神事においてである。時空を超えて過去世の姿をみたり、未来の情景を眼前にみたりするのは、この段階においてなのであろうと思われる。

この第八の鳥居を越えた最終段階がおそらく、川面のいう「フトマニの境地」にあたるのであろう。というのも、フトマニの魂鎮めは、「神の霊を仰ぎて我の霊に迎へ、我の霊が神の霊に合しつつ、神の御心を知る・・・神人合一の道」と説明しているからである。

第八の鳥居で神明の姿を見、声を聞くのは、まだ自他の区別のある段階であって、神人合一には至っていないと思われる。フトマニの境地においては、はるかに時空を超え、神明のものすごい力が流入し、意識が宇宙大に拡大し、神明との完全な一致、融合に至るものと思われる。

フトマニというのは、記紀においては、鹿の骨や亀の甲羅を焼いてそのひび割れから未来を占う手法をさしていたが、川面にあっては、フトマニは、ある種の瞑想状態にあって神霊と一体化し、完全に融合する境地に高められていたのである。

このフトマニの境地は、しかし、インド民族のように理論的に説明するものではなく、実地に開悟して体得すべきであるというのが、太古の祖神のお示しであるという。なぜなら、この霊境は、説明しようとしてもできないからであると川面は述べている。

「これを語り、これを示すこと能はず、たとひこれを語らんとするも語るべき言葉なく、示さんとするも示すべき例なきとともに、・・・これを聞くことも得ず、習ふこともできない」（『日

富士浅間神社にて

本古典真義』）

以上、平等一体の境地から始まり、最後に神明に到達する八つの鳥居の階梯がおおまかに示唆された。修行者は、どの鳥居までくぐったかによって、意識変容の道程を知ることができるわけである。その全容を詳細には開示していないが、一部とはいえ古神道霊学の中枢をここまで公開したのは、筆者の知る限り空前絶後である。

ただし、この神ながらの道は、急いで求めても得られるものではなく、「ゆるゆるとこれを学び、これを修め、これを究め、これを行ふことが肝要」であると川面は語る。

現在も粛々と行われている禊ぎの合宿行でも、一部の参加者は、まぶしい白光に包まれたとか、虹色の光のマンダラが次々にあらわれたなど不思議な神秘体験をその機関誌で報告している。それらは、幻影ではなく、客観的な事実の体験として報告されている。

憑依か、それとも脱魂か

川面は、数々の神秘体験を深め、その階梯を説明しようとしたが、彼のいう「イメの境地」や「フトマニの境地」というのは、憑依あるいは脱魂のもたらす境地だろうか。彼の目標とする八つの鳥居の境地とは、憑依型か、脱魂型か、それとも別の第三の型であろうか。

神秘体験の憑依型、脱魂型という分け方は、もともと十九世紀の西欧の心霊主義者たちが考案したもので、憑依型とは、ある神霊が侵入し人の意識を乗っ取った状態を指し、神がかり、神おろし、帰神、possession とも呼ばれる。これに対し、脱魂型は、霊魂が身体から離脱し、異界へ飛翔する神秘体験であって、飛魂、幽体離脱、ecstasy、rapture とも表現される。

詳しく説明すれば、憑依型というのは、守護霊、祖霊などの神々が乗り移り、媒体である巫者の体を借りてある種の託宣を伝える口寄せまたは自動書記の霊媒行為をいう。憑依した神々は、病気や貧窮など人生上の悩みに処する方法を教えたり、あるいは国家や人類の将来について記録させたりするのである。ひとりでに憑依する自感法を「神がかり」といい、他者の誘導によって憑依する他感法を「神降ろし（または神移し）」という。

ただし、神がかりや神降ろしにおいては、霊媒は、神の依り代として身体と意識を提供しているに過ぎず、自身が霊的に神霊と合一するわけではない。霊媒は、一時的に身体と意識を乗っ取られた状態に陥るが、そのことに気づいていない場合が多い。十分な訓練を受けていない素人が、神霊に憑依されると、精神に異常をきたすことが少なくないので、この神がかり法は実施に細心の注意を要するといわれる。

また、低級霊や動物霊が乗り移ることが多いので、それを判定するサニワ（審神者）を必要とするとされる。神がかり法の大家として知られた本田親徳（文政五年―明治二二年）によれば、神霊界には正神界と邪神界があり、サニワの「精神正しければ即ち正神に感合し、邪なれば即ち邪神に感合す」と説いた。本田は神がかり（帰神）に三十六法ありとして、その手法を体系化し、大本教の出口王仁三郎などに多大の影響を及ぼした。

わが国で、霊能者といわれる人々は、ほとんどこの憑依型に属している。天理教や大本教の開祖が激しい神がかりの現象を示したことはよく知られているとおりである。大本教の開祖出口ナオには、「ウシトラの金神」が憑依し、世の建て替え、建て直しを求める「お筆先」を書かせている。

自動書記で有名な岡本天明は、にわかに硬直状態になった手で筆を走らせ、日本と世界の行く末を示唆する「ひふみ神示」を数字混じりの記号で書かされた。天明に乗り移った神は、「天日月神《あめのひつくのかみ》」と自ら名乗っている。

このほか、祖霊や守護霊などが乗り移って口寄せする恐山のイタコなど、いまも各地に憑依型霊能者がいるが、その模様については、多数の文献で紹介されているところである（C・ブラッカー『あずさ弓』、A・ブッシー『神と人のはざまに生きる』など）。

明治期に来日したパーシバル・ローエルも、その著書『日本のオカルト』の中で、御嶽教や神習教における神降ろしの秘儀を記録に留めている。西欧や米国でも、しばしば降霊会が開催され、守護霊などが降下し、あるメッセージを伝えたり、ラップ音を発したりするのが多数の文献に記録されている。

以上の憑依型に対して、脱魂型の神秘体験は、身体からある種の魂体（幽体）が離脱して異界に飛び、それによって神霊界を探訪したり、神霊と接触したり、神界の叡智を獲得したりする経験をいう。

死後に幽体離脱した死者の霊魂が、自分の体を上から眺めおろし、しばらくすると異界に飛び、三途の川を渡ろうとして引き留められたり、トンネルの先にある光の源やお花畑に行こうとして引き返した話などが多数記録されている、これは霊界に行く中途の段階ではあるが、一種の脱魂型の体験とみてよいだろう。洋の東西を問わず、臨死体験をした人々は、似たような死後の世界の入り口の様子を報告しているのは興味深いものがある。

鈴木大拙がわが国に紹介したスウェーデンの博物学者エマヌエル・スウェーデンボルグは、数日間部屋に鍵をかけて閉じ籠り、その間にさまざまな霊界を旅行し、その記録を膨大な『霊界日記』に書き残しているが、このとき彼の霊魂は身体を離脱していたようである。彼の記録によると、死者の霊たちは、霊界で信仰や性格に応じそれぞれ集団を形成して生活しているという。

エマヌエル・スウェーデンボルグ

生前に無神論者であったものも独自の閉鎖的な霊的サークルを形成しており、東洋の武士とみられるチョンマゲをつけた霊的集団にも会ったことがあるそうである。そして眩しいまでに光り輝く高貴な霊団から、いつも闘争と喧嘩を繰り返している低級な霊団まで旅行し、その観察を膨大な記録に留めている。

このような脱魂型の体験においては、自分の肉体感覚は奪われ、あるいは消失している。魂の意識は、異界に飛び、異界の状況を観察するが、この間に室内で何が起きているかは、全く知らない。憑依型においても、自己意識は乗っ取られているので、完全に憑依されている限り、その間の出来事はまったく覚えていない。

イメの境地とは

ところが、川面の体験をみると、どうやら神秘体験にはもう一つの類型があるようなのである。肉眼で現実の光景を見ていながら、同時に霊眼で異界の光景を眺めたり、身体感覚を失わないで異界の神々の声を聞くといった体験である。

川面は、それを「イメの境地」と呼んだ。催眠でもなく、夢でも、幻でもない。「イメの境地」においては、目前の状況を見ながら、同時に時空を超えたある場所を二重写しに眺めている。過去の情景を目前の光景と二重写しに見たり、あるいは神霊や祖霊の姿が目前の人の姿とダブって見えてくるのである。

川面は、野村船長の奥さんの依頼で、南極大陸にクシミタマを飛ばし、大陸の様子を観察したが、そのとき彼は自己意識を失っていたわけではなかった。依頼者を観察しつつ、同時に大陸の様子をホログラフィックに透視していたのである。クシミタマを飛ばしたことだけに着目すれば、飛魂といってもよいが、この間、川面は身体感覚のない脱魂状態にあったわけではない。

霊覚者の本山博（玉光神社宮司）も、ある土地をみると、同時にその土地の過去の地形や過去に起きたアイヌ族などとの戦闘の模様が二重写しに見えることを語っている。また、ある夜の瞑想中に、雨戸の向こうにある庭の松の木と雨戸とを見ながら、同時にそれとダブった形で、縄文の昔に付近に住んでいた先住民の姿を見、それと会話したことを記録に留めている。翌日、その先住民の住んでいたところに縄文遺跡のあることを彼は発見した。

スウェーデンボルグも、一七五九年のストックホルムの大火災を、五百キロ離れたイエテボリの町のパーティ会場で透視し、友人たちにその模様を告げたことがあったが、このとき、かれは脱魂状態に陥っていたのではない。アルコールを飲み談笑しながら、同時に火災の燃え広がっていく様子を観察していたのである。二重写しの「イメの境地」といってよいだろう。

こうした「イメの境地」は、本山によると、チャクラが目覚め、アストラル（想念界）の次元に入ったときに起きる現象のようである。

また、霊覚者は、胸から強烈なサチミタマを発出して遠隔地にいる患者を治癒したり、風向きを変えて雨を降らせたりすることもあるが、これも同じように念動力のサチミタマを飛ばすという意味では、飛魂であるが、霊覚者は日常の意識を失わないで遠隔治療や降雨を行うのである。

指を患者の体内に差しこんで病巣を摘出するフィリピンの心霊手術も、指から特殊な次元変換のエネルギーを出し、一瞬のうちに物質界をいわば溶かしていくのであるが、これも念動力《サイコキネシス》という魂を飛ばしてはいるが、憑依でも脱魂でもない、第三の類型の神秘的行為とみてよいであろう。

川面のいう「フトマニの境地」は、「イメの境地」を超えた段階のものである。それは、神の霊を迎え、神の霊と合一するというものであるが、これも憑依、脱魂という枠に収まらない別の境地であると思われる。単に抜け出た霊魂のレベルで合一するのではなく、身体を含めた身魂全体で合一するのである。
この時、神の強烈な力が流入すると同時に身魂の意識が宇宙大に拡大し、すべてを超えた歓喜の絶頂に達するようであるが、川面自身もこれを語る言葉がないと言っているので、筆者のような凡人がこれ以上追究するのは止めておこう。

川面は、昭和四年に帰幽したが、それから四十年後、宇和島の同人、谷本久雄の招いた霊能者に川面の霊が神がかりしたことがある。このとき、川面の霊は、霊能者に乗りうつり、「私が生前に知らなかった奥の神界を死んでから知った、と同人たちに伝えてください」と語ったという（『四十年祭記念会報』）。これが川面の霊界における消息を正確に伝えたものとすれば、川面は、死後の世界で、生前に到達した境地よりもさらに優れた境地を開拓したということであろう。

聖なるものとの出合いは、我々がこの世で考えるよりもはるかに奥深いものがありそうである。「カムイ（幽居）」は、おそらく霊界で探求をつづけてもなお全貌を現さない隠れた存在であり、追いかけていけばいくほど奥に姿を「隠す」ことによってその実存を示唆する存在とみてよいのではないだろうか。

第六章　太占《ふとまに》の境地へ

第七章　神名で示した身体作法

水のチャクラはどれ

禊ぎを中心とする川面流の身体技法とその意義は、以上でほぼつかめたと思われるが、身を切るように冷たい水行によって、身体にどのような変化が生じるのだろうか。

六種のミソギ作法の身体に及ぼす影響は、生理学の立場から評価をすることはできるであろう。

生理学的には、禊行の前後で、心電図や脳波、血球、血糖、肝機能、腎機能などの変化を分析し、セロトニンなどの脳内物質、アドレナリン、アセチルコリンなどの尿中物質、副腎皮質ホルモンやNK細胞の活性の変動を測定し、有意な差の有無を検証することはできると思われる。

生理学的な変化の測定は、予算さえあればできるが、我々がここで知りたいのは、健康にどの程度役立つかではなく、体と意識を一定の方向に集中することによってなぜ霊的な開発が可能となるのかということである。自分の顔がおぼろに見えてきたり、遠方の情景を透視したり、テレパシーで交信したり、神人合一のフトマニの境地に達するという霊的現象がいかなる過程で生じるのかは、生理学的な身体検査からは無理のように思われる。

本山博（玉光神社宮司）

この点を説明したのが、本山博博士である。クンダリニー・ヨガ行を極めた本山博の考察によると、水と関係の深いチャクラは下丹田のスワディスターナ・チャクラであり、このチャクラ（下丹田）の目覚めに効果があるのが、禊ぎの行であると指摘している。

冷たい水をかぶることによって、一挙に丹田の中枢が引き締められ、意識は自ずと丹田に集中し、これによって下腹の物理的エネルギーが気のエネルギーに変換され、なおも集中的な行によって気の力が一定量以上に増大するとさらに霊的エネルギーに変換されるものとみられている。禊行は、座を組んで意識を丹田に集中する静的な瞑想ヨガ（座禅）に対して、身体を冷水で引き締める動的なチャクラ覚醒法とみてよいだろう。

実際、冷たい滝の中で禊ぎをしていると、意識しなくても胸は逆三角形にせりあがり、太ももの筋肉は横に張り出し、臀筋は内側にぐっと収縮し、会陰は締まり、丹田に全重心がかかり、いわば不動磐石の姿勢が生まれてくる。冷たい水がひきおこす生体の自然な防御反応である。一見、ひ弱そうに見える男性でも、真剣に滝行している裸身の写真を撮ってみると、このような形態的な変化が明らかに見てとれるのである。

本山の観察では、スワディスターナ・チャクラが目覚めると、腹部が硬くなり熱い水蒸気のようなものが腹の中で渦巻き、その中に赤い火のようなものが見えてくる。そうなると、体液の流れが活性化され、新陳代謝が旺盛になり、真冬の戸外でも汗が出るほど熱くなってくるという。そして、霊能力としては、透視、千里眼、予知などの力が発現するようになるという(『チャクラの覚醒と解脱』)。

ヨガの教本によれば、下丹田のチャクラがさらに開発され、尾骨にとぐろを巻いているクンダリニーのエネルギー(シャクティ)が脊柱に沿って上昇したとき、全身が焼け付くような火炎に包まれ、身心霊が浄化されるといわれている。本山理論に従えば、下丹田のチャクラを通じて流入した霊的エネルギーが、意識の丹田集中によって生じる気のエネルギーを媒介として、物理的エネルギーに変換され、行者の体に熱い火炎を吹き上げるのである。

密教系の滝場には必ず、不動明王が祀られているが、不動明王像の背負う燃え上がる火炎は、この熱いエネルギー体を表象したものであろう。不動明王の火炎が体内で沸き起こると、真冬の滝に打たれても少しも寒く感じないという。

不動明王は、大日如来の化身《アヴァター》とされ、憤怒の相を示しているが、噴出する火炎によって身毒を焼き尽くし、煩悩を滅尽させることが本来のはたらきである。不動明王の霊力によって下丹田のチャクラが開発されると、激しい霊的火炎が行者の脊椎を立ち昇っていくものとみられている。

三つの明王とチャクラ

不動明王は、スワディスターナ・チャクラに照応しているが、密教では、このほか、クンダリニーの鎮座する尾骨に対応するムラダーラ・チャクラを軍荼利《ぐんだり》明王と称し、胸のアナハタ・チャクラを孔雀明王、額のアジナ・チャクラを愛染明王と称しているようである。密教はもともとヨガを源流としているから、このように「明王」とチャクラの間に照応関係があったとしても驚くにあたらない。

密教寺院で見る孔雀明王の図は、七色の羽を広げる孔雀として描かれており、愛染明王の図では、額に縦の一つ眼が描かれている。孔雀明王の広げる美しい羽は、胸のチャクラから発する七色の光を表象し、愛染明王の額に描かれた険しい第三の目は、時空を超えて透視する額のチャクラを表象しているのではないだろうか。

道教で上丹田、中丹田、下丹田と称し、川面がクシミタマ、サチミタマ、マミタマと名付けたものも、三つのチャクラ（それぞれアジナ、アナハタ、スワディスターナ）と照応しているように思われる。クシミタマは洞察力とつながり、サチミタマは愛の力と、マミタマは意思の力とつながっているようである。

ちなみに、中世に描かれたキリストの画像には、心臓の位置から七色の光が発散しているのが見受けられる。イエスは、おそらく胸のアナハタ・チャクラを最高度に開発した聖者であって、魚とパンを引き寄せたり、水をぶどう酒に変換したり、盲人を一瞬に治癒したりしたが、このようなサイコキネシス（念動力）の能力は、ヨガの教本によればアナハタに特有のものである。

キリストの胸から発する七色の光は、孔雀明王の広げる七色の羽と照応しているとみてよいのであろう。キリスト教が愛の宗教といわれるのも、愛の心を湧き立たせる胸のチャクラと最も深い関係を有するためであろう。

また、釈迦如来像をみると、その頭頂には肉髷が盛り上がり、額には第三の眼が刻まれているが、これは神霊界と交流するサハスララ・チャクラと三世を透視するアジナ・チャクラを釈迦が開発したことを物語っているのであろう。だとすると、仏教は、愛の宗教というよりも、叡智の宗教と呼ぶのがふさわしいのではないだろうか。

そして、川面の神道は図式的にいうなら、主に下丹田の開発によって身心（魂《ミタマ》）霊を浄化する清浄の宗教と位置付けてよいのではないだろうか。もちろん、下丹田を開発すれば、ぁる程度上丹田《クシミタマ》や中丹田《サチミタマ》の開発にもよい影響をおよぼすから、単純に割り切ることはできないが、図式的にいえば、神道を清浄化の宗教とみる見方はあながち的外れではないと思われる。

仏教がわが国に伝わる前から連綿と続いてきた禊ぎなどの山岳行法は、主に下丹田チャクラを覚醒させるためのものであったと筆者は推測しているが、それは数千年前に日本列島に渡来したともみられるヨガの行者からもたらされたのだろうか、それとも列島の先住民の聖者によって並行的に開発されてきたものなのであろうか。

筆者は、数千年前の過去にさかのぼる霊能を持っていないのでそれを明晰に知る由もないが、日本語とタミール語は極めて近い類縁関係にあるという国語学者大野晋の説が本当なら、ヨガの行法が古代日本に伝来していた可能性もある。日向の幣立神宮には古代インドの聖者が五千年ぐらい前に渡来したという伝承が伝えられている。

ヨガの理論と行法は、天山山脈を越えて古代支那に入り、道教の炁《プラーナ》、経絡《ナディ》として結実したが、それとは別にインド南部から海上ルートで古代日本にも入ってきたのではないか、と筆者は想像している。三千年前から高度のタタラ製鉄の技術をもっていた国東地方は、その海上ルートの終着点の一つではなかったかと思われる。古代九州王朝のスメラミコトは、この行法を実修して霊覚をみがき、百歳以上の寿命を保っていたのかもしれない。

近年、幣立神宮はじめ日本各地でシュメール古拙文字などを彫り込んだペトログラフの聖石が相次いで発見されているが、太古の中東やインドとの文化的交流がいずれ世界的規模のペトログラフの研究によって立証されるようになることを期待しておきたい。

鳥船からカグツチへ

水は、霊的浄化と再生の力があると信じられ、ヒンズー教やキリスト教においても、入信の儀式では水を振り掛けたり、水にもぐったりする風習が伝えられている。が、川面の提唱した禊ぎは、それだけにとどまらず、下丹田のチャクラ覚醒のため冷水の持つ力を最大限に応用しようとしたものとみることができる。

彦島のペトログラフ

禊ぎに限らず、その前後に行われる鳥船運動も、下丹田スワディスターナ・チャクラの開発を促進していると思われる。スワディスターナと関係の深い膀胱経と督脈を刺激し、活性化してくれるからである。鳥船は、片足を半歩前に出し、櫓をこぐように上体を前後に振りうごかす連続動作であるが、この櫓こぎ運動を続けていくと、左右の斜め腹筋や腸腰筋が鍛えられ、ゆがんだ股関節と仙腸関節も矯正されていくといわれる。

詳しく説明すると、膀胱経は、目頭から始まって脳に入り、続いて脊椎の両側を走り降り、仙骨の両側から脚の後ろを通って両足の小指にいたる経絡であり、これは全身の他の経絡と各愈穴でつながり、脳と重要な臓器に気エネルギーを送り続けている最も重要な経絡である。また、脊柱の中心管には督脈《スシュムナ》が走っていて、脳と全身の体液を管理している。

下丹田に意識を集中するリズミカルな鳥船運動は、膀胱経と督脈を刺激して、全身の気エネルギーを活性化するので、反復していると下腹に熱い靄のような物理的エネルギーを生み出す。この物理的エネルギーは、（本山理論によれば）、ふり魂により生じる丹田（関元、中極）への気の集中を通じて、霊的エネルギー体（霊胎）に変換されていくと考えられる。と同時に、開発された下丹田に宇宙の霊的エネルギーが流入し、これが意識的な気の集中を媒介として身体エネルギーに変換され、腹中に生まれる熱い靄を激しい火炎に燃え上がらせるものとみることができる。

櫓こぎ運動（鳥船）には、大きく上半身を動かすやり方と、ほとんど上半身を傾けないやり方と二通りあるようである。よく観察してみると、熟練した先達たちはあまり上半身を傾けず、まっすぐに保ったまま、丹田の重心を前後に移動させているだけである。かれらは、上半身には力をいれず、会陰と臀筋をしっかり締めながら、仙骨に意識を集中しているようにみえる。こうすると、仙骨から脊椎の脇を通って伸びている膀胱経を刺激して浄化するとともに、さらに仙骨に穏やかな振動を与えて点火する準備を整えてくれるものとみられる。

川面が、右の一連の動作を「鳥船」と命名したのは、古事記の「天の鳥船の神」の神名に由来している。

古事記を読むと、面白いことに、原人の誕生を説明していると思われる場面で、天の鳥船の神、オオケツヒメの神、カグツチの神の三神がこの順番で登場してくる。イザナミの神が、最初に原人を産もうとしたとき、原人の三つの基本構成要素と思われるこの三神が次々に顕れてくるのである。

「次になる神の名は、天の鳥船の神、次にオオゲツヒメの神、次に火のカグツチの神」とあり、火のカグツチの神を生んだために、母なるイザナミは、やけどを負い、それがもとで死亡にいたる。

私見では、天の鳥船の神は、外洋を航海する大船とその竜骨を意味し、ひいては人体の脊椎を象徴していたのではないかと推測している。(フネとホネは、語源を共通にしているように思われる)。また、食糧の神オオホケツヒメは食物を消化する胃腸管を象徴し、火の神カグツチは霊的エネルギーの納まる下丹田と尾骨を表象していたのではなかったろうか。

このように解釈してみると、地球上に最初に現れた原人は、脊椎動物から発生し、食糧の物理的エネルギー（オホケツヒメ）と火の霊的エネルギー（カグツチ）をいただき、それを脊髄の柱（鳥船）において統合することによって誕生したのではなかったろうか。

下丹田と尾骨に潜んでいる霊的エネルギー（クンダリニー）が開発され、それが脊椎の中心管（スシュムナー）を上っていくとき、全身は火炎に包まれ、焼けるような熱さを感じるといわれるが、火の神カグツチとはその火炎を意味しているのではないだろうか。ときたま、行者は立ち昇る火炎のコントロールに失敗し、熱病で死亡することがあるが、火の神を生んで死亡したイザナミとは、そのことを寓意しているのではないだろうか。

いうまでもないが、禊ぎの行は、よき指導者を得ないと危険な行でもある。性欲と我欲が強くなり、油断すると魔界に引き込まれるおそれがある。また、不用意に尾骨のクンダリニーだけを目覚めさせると、イザナミの神が火の神カグツチを生んで焼け死んだように、体内に焼け付くような高熱がこもり塗炭の苦しみに遭い、場合によって死に至ることがある。

よき道彦（指導者）の道案内を仰いで、あせらず段階的に、上丹田、中丹田の開発と合わせながら時間をかけて進んでいくことが大切なのである。川面のいうマミタマ（下丹田）の開発は、クシミタマ（上丹田）、サチミタマ（中丹田）の開発とバランスをとりつつ行わなければならない。あわてず、あせらず「ゆるゆるとこれを学び、これを修め、これを究め、これを行ふことが肝要」なのである。

以上のように見てくると、古事記の右の一節に表れた神話的思惟は、神々の名を用いて人体の基本的構成要素とその作用を示していたのではないかと思われる。抽象概念を持たなかった太古の人々は、具体的な事物に神名を付与することにより、それらの奥深い能《はたら》きを説明するしかなかったのであろう。

神話が示す呼吸法

インドのような猛烈な熱帯では、運動をするとすぐ消耗するので、木陰に静かに座って瞑想したり、ゆっくり体を曲げたりするヨガ行が発達したが、わが国のような温帯地域では、むしろ体を規則的に動かして下腹部に適度の刺激を加えながら精神集中を図る手法が、古神道の行法において発達してきた。

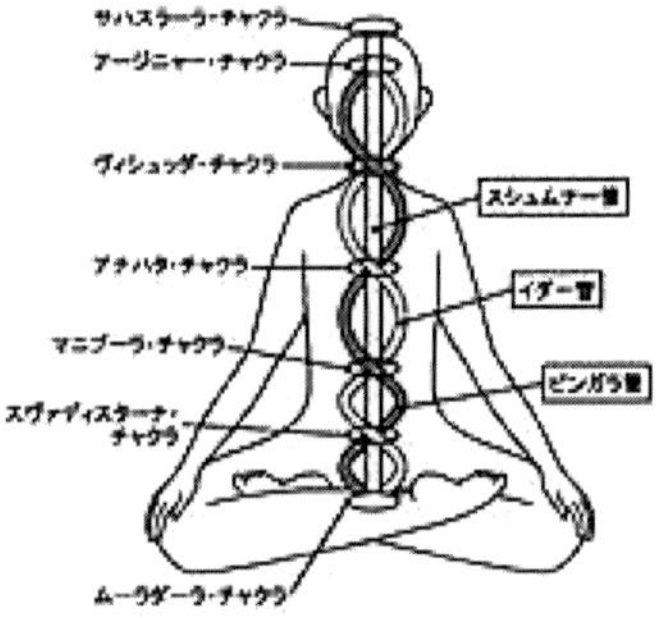

七つのチャクラ

体を固定する座禅の瞑想でもなく、体の曲げやねじりに意識を集中するヨガでもなく、道教風のゆったりした気功や太極拳でもなく、体を軽くリズミカルに動かすことが、身心統一の秘訣と考えられてきた。せっかちな日本人の気質に合った行法である。

近年、生理学上も、一定の動作を反復する軽いリズム運動は、左脳と右脳の縫い合わせ部分にあるセロトニン神経を活性化し、心身に活力をみなぎらせることが証明されている。散歩や腹式呼吸のような反復運動でも、視床下部からセロトニンなどの神経伝達物質が分泌され、快適な気持ちにさせることが判明している。

川面は、自身の体験から、魂ふりや鳥船のような軽快な反復動作が、体の経絡を活性化し、身心を浄化し、ひいては霊的エネルギーを増幅しやすい快適な状態を生み出すことに気がついたのであった。川面の身体作法は、心地よい状態をつくりつつ、魂鎮めにみちびく一種の動的な誘導瞑想とみてよいであろう。(鳥船と魂ふりの作法は、川面から習った植芝盛平を通じて合気道に取り入れられている。)

川面の身体技法において、鳥船の動作と並んで注目すべきものに、禊ぎの前後に行われる神気《みいづ》呼吸法というものがある。

最初、両手を輪を描くようにゆっくり頭上に振り上げ、額の前で指先を接触させた両手を閉じると同時に、口からハッと息を飲み込む。呑み込んだ息を胃腸まで落としこみ、息を止め、丹田のところで組み合わせた両手を小刻みに旋回させる魂ふりを続けながら、気を渦のように練りこんでいく。最後に息を吐きながら足の外側に沿って、気を足裏から地中に戻していくという呼吸法である。

丹田に集中するときは、肩の力を抜き、会陰と臀部の筋肉を体の中心に引き締めながら行うのであるが、このとき頭頂から取り入れた天の気《プラーナ》と尾骨に内在する地の気《クンダリニー》が丹田において統合されるよう強く思念する。

朝日に向かって行うときは、陽気の光玉を口からハッと飲みこみ腹中に納め、温めることをイメージしつつ練りこみ、最後に身心霊の不浄を足裏から地中深く地球の中心に向かって沈めていくのである。

水を浴びる禊ぎは、水の霊《ひ》を全身に回すことであるとするなら、この神気呼吸は、太陽の神気、すなわち火の霊《み》を全身の経絡に回すこととみることができる。水そぎと火そぎは、補完し合う一対のものとして、古神道の身体神学の中で、きわめて重要な位置を占めている。川面も、「水の火」と「火の水」が互いに行き来するとなにやら意味深長な文章を残している。

じつは、この火そぎの神気呼吸法は、すでに大祓祝詞の一節において説明されていたものではないか、と筆者は考えている。大祓祝詞の最後の部分に、浄化の神四柱が登場するが、神気呼吸法の動作は、四柱の神々の能きと照応しているように思われるのである。

大祓祝詞によれば、高山低山の頂上よりサクラ谷を経て降りてくる水を速川にいるセオリツ姫が海に運び、これを渦潮にいるハヤアキツ姫が呑み込み、息吹戸《いぶき》にいる息吹戸主が根底の国に放ち、最後に根底の国にいるハヤサスラ姫が持ち去るという。

これらの神名を身体作用の記号とみて解釈するなら、山の頂上から水を海に運ぶセオリツ姫のはたらきとは、宇宙の気エネルギーを頭部からまっすぐ広い下腹におろしていく作用と解釈できる。高山低山とは大脳小脳を意味し、サクラ谷とは、脳下垂体の中の谷の形をした凹型のトルコ鞍と解するなら、山から降りる水とは、脳下垂体から分泌される精妙な甘露《ホルモン》の水のことであろう。

そのようにして降ろしてきた宇宙の気エネルギーを太陽神経叢の渦巻く大海原の丹田で練り合わせる動きは、潮の八百会で渦を巻くハヤアキツ姫のはたらきではないだろうか。川面流の魂ふりは、組み合わせた両掌を腹の前で旋回させ、それによって丹田に気の渦を巻いていく行法である。

つづいて、腹中で練り合わせた気を息を吐きながら両足に沿って降し、足裏から地中の根底の国に還す動きは、まさにその名のとおり息吹戸主のはたらきであり、さらに根底の国《シャンバラ》においで、降りてきた不浄の残り気を霊化するはたらきは、シャンバラの女王ハヤサスラ姫の役目と解釈すると、すべて符合するのではないだろうか。

ミイヅを下腹に納める

抽象概念を持たなかった古代人は、神名という記号を用いてさまざまな機能《はたらき》を説明しようとした。川面は、美しい神名を用いて記号化された神話的思惟のなかに、神人合一のための神気呼吸法を見出し、これを体系化しようとした。

彼は、その古代人の行法を太古から伝わる山岳修法の伝統の中にも見出し、「奈良朝以前の太古神道」として再構成し、現代のわれわれに提示しようとしたのではないだろうか。

参考までに付け加えると、口の奥からハッと神気を呑み込み、胃腸に送り込むという神気呼吸法は、他の神道流派にも伝えられている。例えば、幕末の国学者山口志道は、太陽の神気を呑みこみ、人間の息を天地の息に合わせることによって罪を祓うことを奨励している。これを「神風の伯《いき》」と呼び、自ら毎朝実践するとともに、この行法を理論的に裏付けた『水穂の伝』を著した。

　また、黒住教では、太陽の神気を口から呑みこみ腹中に納めることを「陽気呼吸」と称して、毎朝、お日の出の日拝のあと行うことを奨励している。朝日の陽気を下腹に納め、わが身が光り輝く神に変容すると信じつつ行じていくのである。我が身は、すでに天照大神の分霊をいただいたアキツカミであるが、日々のけがれた思いや行いによって曇っているので、その本質をますます輝かせるため浄化の朝行を積み重ねていくのである。

黒住宗忠

　ヨガにも喉の奥から大気を呑みこむ似たような呼吸法があり、喉のヴィシュダ・チャクラを開発するのに役立つとされている。ヴィシュダが目覚めると、高度のテレパシー通信ができ、何世代も前の前世まで観透すことができるようになるといわれる。山口志道や黒住宗忠の呼吸法は、ヴィシュダ・チャクラの開発にもよい影響を及ぼすものと思われる。

　さらに付け加えると、明治の神道家、川合清丸は、口から息を呑み込み胃腸に送り込む法を、「吐納法」と名付け、肺に送り込むいわゆる「呼吸法」と区別している。川合清丸の『仙家秘訣長生法』によって、吐納法の要点を説明すると、次のようになる。

一、　上下の唇をあわせ、針の通るほどの隙間から、大気を細長く吸収する。
二、　吸い終わろうとするとき、大気をぐっと呑み込む
三、　呑み込んだ大気を下腹に納め、丹田に力をいれる。
四、　息苦しくなる前に、鼻から息を綿々と漏らしだす。

これを毎日五十回繰り返していけば、胃腸は次第に開き、大気はグッ、グッと音を立てて降りるようになり、やがて元気が丹田に充満し、硬いマリのようなものが下腹にはりつめるようになるという。

川合清丸にこの吐納法を伝えたのは、国東出身の河野至道（元杵築藩士）という行者であったが、河野に法を授けたのは、山中照道という神仙であったという。山中照道は、足利義満の時代に生まれ、明治九年七月七日に河野が見守る中を肉身をもったまま昇天したと伝えられているから、事実とすると約四八〇歳この世で生きたことになる。

おそらく、川面の神気《みいづ》呼吸法は、山中照道神仙の生まれた室町時代や蓮池直澄仙人の生まれた鎌倉時代よりずっと昔から伝わる山岳修行法の伝統から学んだものであろうし、山口志道も黒住宗忠も川合清丸も同じ道脈の流れから習得したものではないかと思われる。

なぜ身体を与えられたのか

身体とは何か、なぜ人間は水分が七割も占める身体を持っているのか——これは、古来多くの哲学者や神学者を悩ませてきた難問である。今これに深く立ち入る余裕はないが、誰にも確かなことは、身体はいつか死にいたるということである。

身体を持っているということは、当然、死を待つことを意味している。山岳で厳しい修行を積み、心肉の統一を果たしたあの蓮池貞澄仙人も、山中照道仙人も、数百歳の寿命が尽きて昇天してしまった。形あるものはすべて壊れ、無秩序度を示すエントロピーは増大する。とするなら、身体というのは、死を待つために、そしておそらく死を忘れないために（メメント・モリ）、さらには時宜に応じ死の意味を考えさせるために与えられたものと解釈することができよう。だが、そういう受け身の解釈ではなく、川面は、身体にもっと積極的な意味を付与しようとした。

川面説によれば（次章で詳しく説明するが）、人間は身魂霊の三つの位相よりなる統一体である。身だけでなく、魂も霊もそれぞれ微細な身体《ミ》性を持ち、独自の意《タ》識《マ》性を持っている。この意味で、人間は、三つのミタマ（身魂）より構成される多重の存在ということができる。そしてそれぞれのミタマは、宇宙の本体から絶えず降り注ぐミイヅ（根本霊）を受けて生かされている形質ある実体であって、淵源を辿れば、宇宙本体のミイヅが、分霊《わけひ》として受精卵にやどり、宿った分霊が無数に分化、凝集、発展して人それぞれに固有の魂体と身体に成長していくのである。

したがって、身体とは、単に身体と知覚されたものに過ぎない。皮膚によって外界と分離され、分離された外表を視覚や触覚によってそれと知覚する。こうして、「私」という個我が生まれてきた。しかし、第三の眼あるいはクシミタマが開けると、外表によって区別される個体を超えた多重のミタマが見えてくる。

このミタマは人間だけに限られるのではない。宇宙そのものが多重のミタマであって、素粒子から原子、分子、細胞、動植物、国土、世界、太陽系、銀河系宇宙と入れ子状に重なり合ったミタマとして畳みこまれている。それらは、宇宙本体の中心場《アマノミナカヌシ》からの超微細なエネルギーを吸収し、放散しつつ、ある動的な秩序を保っている。

川面によれば、人間の物理的身体は、宇宙にみなぎり、おり畳まれている多重のミタマの一つにすぎず、重なり合った他の無数のミタマと微細なエネルギーを交換しつつ躍動的な平衡状態を保っている。物理的身体はいわば一つのメディア（媒体）であって、自然や国土、社会、家庭の場だけでなく、神々の場や想念の場とも信号を受発信しつつ、交流しているとされる。

この立場からすれば、人間の身体は、その霊魂《たましひ》と宇宙本体とを結び付け、媒介するメディア（媒体）としての重要な役割を担っている。額から飛び出る叡智のクシミタマは、異次元の情報を入手し、胸から発する愛情のサチミタマは、霊界の祖霊たちや顕界の人々の霊的向上を促すのである。

この地球世界で、人間は肉体を与えられているがゆえに、五感を通じて自然の豊かさを享受し、宇宙の本体から注がれている多種多様な恵みを感得することができる。なかでも、脳（とりわけ松果体や脳下垂体）は最も精緻なアンテナとして見えない世界の情報を受信し、これを見える世界に伝達し、表現する役目を果たしている。脳は宇宙意識の受信機であって、宇宙意識に蓄えられた情報を記憶として引き出すのである。

他方、メディアないしアンテナとしての身体は、激しい精神的ストレスや過労によって、病気になったり、苦痛を感じたり敏感に反応する。想念場における怨念や愛憎からも影響を受け、善霊、悪霊の作用は身体にも響く。

言い換えれば、身体があるからこそ、心（魂）の保ち方や方向付けで良いものと悪いものを判別することが比較的に容易となる。例えば、他者に対する恨みも執着も、この地上では比較的早く自分の身にすぐ跳ね返ってくるから、どういう想念を持つとよいかが体感できる。もし身体がなく、想念だけの体（アストラル体）であったとするなら、霊界でそれに気付くのに百年以上かかることがあるかもしれない。

しかし、身体には、固有の欠点もある。粗い物質性《アラミタマ》を持つがゆえに、自己保存と自己執着の傾向が強いことである。

われわれの物理的な身体は、自己保存のため食欲と性欲を持ち、心は金銭欲、名誉欲、支配欲を満たすための手立てを始終考え、周囲の刺激に踊らされて止むことがない。だが、その欲望が度を過ぎると、心（魂）を傷つけひいては身体を害するに至る。そればかりか、自身の霊を傷つけ、霊界にも不調和をもたらしかねない。

だから、ある身体作法を通じて、身体と心の欲望を制御し、より高い段階の霊性開発にむけて心身を統一、集中するのは意味のあることである。世界のどの宗教も、多かれ少なかれ心身統一と祈りのための作法を用意している。毎日の拝礼、ミサ、念誦、読経、座禅、禊ぎなどそれぞれの長い民族生活の中で心身の使い方をある方向に誘導し集中させる技法がいろいろと工夫されてきた。

例えば、キリスト教は熱誠溢れる胸からの祈りで、神霊の発動をよぶ作法に習熟してきた。多くのキリスト者は、胸を震わす熱い祈りで、胸のチャクラを開き、こうして神霊と交流し、神霊の力で人々の病いを癒してきたのである。

川面は、習俗としての神社神道界の在り方に異議を唱え、霊性回復のための拝神作法と身体技法を考案し、伝授しようとした。それらは、チャクラなかでも下丹田と上丹田のチャクラの開発に誘導しようとする意味合いを持っていたと思われる。真冬の滝行や長時間の座行はつらいものであり、それは必須というわけではないが、ある種の苦行によって心肉を統一することが神人合一への最短の近道と考えていた。

川面は、魂も霊も微細な身体性をもつと説いたが、普通の人にあっては五感に映らないから、その直接的なコントロー

大正十四年（中央が川面）

ルは難しい。だが、身体は霊魂《たましひ》と重なり合ったミタマであって相互に影響を及ぼしあっているから、目に見える身体の制御を通じてある程度霊魂の制御と統一を図ることは可能となる。

「身体から神に入る」、「物質から神に入る」というのが、彼の基本的なアプローチであった。川面においては、身体は、死を想い起すためにとどまらず、積極的に身魂霊《みたまひ》の統一と宇宙本体への帰一、いいかえるなら「神人不二」を達成するための便利な道具として与えられたものということになる。

第七章　神名で示した身体作法

第八章　太古神道の宇宙観と心身観

三つの体を持っている

大正五年（一九一六）、川面は、福岡市長の招きで教育者や地元名士を相手に五日間にわたって講演をおこなったことがある。「祖神の垂示と世界列国の宗教哲学との比較」という題で、次の順序で講演した。

一日、序論
二日、日本民族の霊魂観
三日、日本民族の宇宙観
四日、日本民族の創世観、原人観
五日、日本民族の神人合一、霊肉修養法

これら一連の講義は、まず「日本民族の霊魂観」を説くことから始まり、次に日本民族の宇宙観、創世観、原人観におよび、最後に禊ぎを中心とする修行法に終わっている。以下しばらく、川面の講義に耳を傾けてみることにしよう。

「日本民族の霊魂とは、無形のものにあらず。体あり、質あるものにして、ただその質と体とのあまりに微細なるがゆえに、吾人人類の五官に上らざるに過ぎないと信じているのである」（『日本古典真義』）

古代日本の叡智が悟った「霊魂」なるものは、無形のものではなく、質量をもつ形体であって、それは素粒子、川面の言葉でいえば、「原原子」から構成されているという。また、人類だけでなく、動植物、土石も含め、あらゆる存在（万有）もそれなりの微細な霊魂をもっていると説く。それは、今はすぐれた霊覚者の眼にしか映らないが、いずれ科学技術が発達した二百年後には直接または間接に観察されるであろうと川面は考えていた。

古代ギリシャの思想では、人間は有形の身体と無形の霊魂より構成される存在であって万物の霊長である人間にのみ霊魂は宿るとみていたようだが、川面の思想はこの考えとまったく対照的である。また、古代ギリシャでは、人間はひとつの霊魂から成立するとみたが、古代日本人の洞察によれば、百千万の霊魂より絶えず構成されつつある躍動的なひとつの結晶体であると川面は語る。

「人類万有は、（主観すれば）霊魂の集合結晶体である。しかも、第三者より、客観せらるれば物質となる」

人間の本質は、霊魂の結晶体であって、第三者が肉眼で観察した場合に、物質としての身体が見えるにすぎないという。身体そのものも意識体として自ら主観し、自性を現しつつある霊魂の集合体であるから、身体は身と魂からなるひとつの「身魂」（みたま）とみるべきである、と川面は考えた。

身体は母胎から生れ、成長し、外に向かって自性を顕わそうとする特性を持っているから、生《あ》れ、顕われの意味を持つアラを冠してアラミタマと呼ばれている。

他方、知情意の活きを意味するいわゆる「魂」あるいは「心」も、客観すれば、次元は違うがそれなりのきわめて微細な身体性を持っているから、これも身と魂からなるひとつの「身魂」とみるべきである。そして、外に向かうのではなく、内に潜み、沈まろうとする性質《ニギ》に着目して、ニギミタマと呼ばれている。

このように、身と魂は有形、無形という相反する別個のものではなく、一つの身魂《みたま》の両側面であり、外に出ようとする活動的な身魂がアラミタマ、内に潜もうとする沈潜的な身魂がニギミタマである。

さらに霊眼によって観察を深めると、魂《たま》の裏にはさらに微細な身体性をもった霊《ひ》が内在しており、霊《ひ》と魂《たま》の合体して一体となった状態は霊魂《ひたま》とも呼ばれる。

「裏観すれば『霊《ひ》』なり、表観すれば『魂《たま》』なり、表裏合観すればこれ『霊魂《ひたま》』なり」

このように、人間は霊《ひ》と魂《たま》と身《み》より成り立っている存在、言い換えれば、霊体、魂体、身体という次元の異なる三つの体より成り立っている存在とみることができる。これら三つの体は、三重の入れ子のように、あるいは三重の膜構造（membrane）のようにたたみ重なっている。

肉眼でみれば身体が顕われ、心眼でみれば魂体が、霊眼では霊体が顕われるが、それぞれは身体性と意識性をもった身魂（みたま）なのである。しかも、それらのミタマは、対立する別々の存在ではなく、一体となって交流し活動する一つのミタマである。人間は多重のミタマよりなるひとつのミタマであって単に物理的な身体だけではないという観察は、川面神学の一大特徴ということができる。

物質は意識を持っている

古代ギリシャでも、人間は有形の身体のほかに、個性を形づくる魂《プシュケー》と魂に命を吹き込む霊《プネウマ》よりなると考えていたが、魂も霊もまったく質量を持たないものとみなしていたようである。この点は、川面説と異なっている。

驚くことに、川面のミタマ説は、タントラヨガの心身説と酷似している。

タントラヨガでは、人間は三つの身心、すなわち肉身とその心、微細身《アストラル体》とその心、原因身《カラーナ体》とその心からなるという。肉身は意識性をもち、微細身も原因身もある身体性をもっており、この三次元の身心を修行によって、一つずつ高めていくと、最終的には形ある身心の世界から脱却して形のない純粋世界《プルシャ》に到達すると説いている。身、魂、霊は、それぞれ形あるミタマであるとする川面の多重ミタマ説とそっくりである。川面も、ヨガの聖者も、霊眼で人間の多重の存在構造を見ていたのであろうか。

川面は、原子から宇宙にいたるまで、さらに細かく分析を進めて講義する。

身体を構成する原子も分子も細胞も臓器も、さらには地球も太陽系宇宙も全大宇宙も、単に無機的な物質にとどまるのではなく、それ自身において主観し、記憶し、自性を現す意識体であって、それらは膜のように重なりあった多重のミタマを構成している。

物質にも、主観する意識体があり、相互に関連しつつ活動して、「宇宙の系統」（宇宙システム）を顕している。ただし、それを認識しうるのは、精緻な科学的観測装置の発達していない現段階においては、五官を超えたある特殊な霊覚によるしかないと主張した。

このような多重ミタマ論は、文明開化の世にあっては、科学的思考にそぐわない突飛な古代思想のように思われた。目に見えないものが質量をもつ形体でありうるという川面の主張は、荒唐無稽の極みと思われた。物質が主観しうる意識体であるとは、笑止千万な意見ではないか、と明治の教養人たちは嘲笑《あざわら》っていた。

ところが、近年の物理学界を見わたしてみると、空間にも意識があり、宇宙は単なる物質ではなく意識体として躍動的に活動しているというシステム理論学者アーヴィン・ラズローの学説などが登場している。地球も一つの意識体、ガイアであるという説も広く知られるようになった。

また、量子物理学者のフリーマン・ダイソンも、「量子力学における物質は、活動する動作主であり、常にさまざまな可能性の中からいずれかを選択している」という仮説を唱えているが、これらの学説に照らし合わせてみると、川面が明治末に唱えた説は今日ではそれほど奇怪な見解ではなくなってきている。

フリーマン・ダイソン

さらにロシアの宇宙物理学者ボリス・イスカコフの理論によると、魂は電子よりもはるかに小さい微小物質レプトンで構成されており、人間はそのレプトンのガス層に包まれているという。レプトンは、原子核の情報を記憶し、肉体の死後もその記憶をとどめるという。また、生物物理学者の本山博は、電磁波シールドした部屋のなかで霊能者がある種の霊体を発出する現象をフォトン計測器を用いて間接的に観測することに成功している。彼らの理論や実験は、川面の多重ミタマ説を次第に補強してきているように思われる。

無形とみられる魂が超微細な素粒子よりなる身体性をもち、物質である原子も分子も意識を持つという川面の説は、先端的な物理学の世界では、世間一般に思われるほど荒唐無稽なものでなくなってきているようである。量子力学では、人間は多次元の世界にまたがって活動する量子の運動体と捉えられており、肉眼で観測された瞬間に物質世界の一人の人間としての姿を顕わすにすぎないという仮説が唱えられている。

量子物理学の研究者は、いまテレパシー（遠隔通信）やサイコキネシス（念動力）という心霊現象が、多重の異次元宇宙の存在することを示唆しているのではないかと気づき、その本質を追及しようとしている。現代の物理学者は並みの宗教家よりも神秘主義的であるが、このような科学的仮説の検証がさらに進展していくことを期待しておきたい。

結晶化する直霊《なおひ》

では、霊、魂、身からなる人間はどのような過程を経て誕生するのであろうか。川面は次のように講義する。

「母体に宿りたるものは、第一の直霊《なおひ》にして、その第一の直霊が母体内に宿るとともに、他の百千万の直霊を吸収して、もって神経系の素質を造り、細胞の素質を造り、・・・その素質の凝晶体が連絡統一して発達膨張しつつ、人身とはなりたるものとす」

すなわち、まず、母胎の受精卵に宇宙の根本直霊の分身としての第一の直霊《なおひ》が宿り、それに従い他の無数の直霊を吸収して将来の神経系や細胞の素となる原質を造っていく。その原質の結晶体は、魂《たま》とも呼ばれる。宇宙の根本直霊の分身である直霊の溜まりたまったものが、魂なのである。

そして、次の段階で活発な細胞分裂とともに細胞の魂が無数の魂を連絡、統一し、発達したものが荒身魂《あらみたま》、すなわち肉体となる。したがって、肉体は、八十万魂《やそまだま》とも呼ばれる。人間に宿る直霊を、川面は、近代用語で「至上意識」、「最高意識」とも呼び、魂を「意識」とも言いかえている。「至上意識」の凝集したある運動体が人間の「意識」と考えたのである。

肉体は、六十兆の細胞よりなり、細胞の一個一個は、固有の振動パターンを持ち、固有の微弱なエネルギーを発していることは、現代科学において知られている。一つ一つの細胞は、脳から電気的指令を受けて活動するのではなく、個々に意識体として周りの細胞と共鳴しつつ生成と消滅を繰り返していることも明らかとなってきた。

川面は、無数の細胞素質の霊魂の結晶集合体が肉体であると考えたが、固有の波動を出して主体的に活動している細胞素質と細胞は、単に物質ではなく、意識し、記憶するミタマでもあると洞察したのであった。

言い換えれば、身魂《みたま》であるすべての人間には平等に霊《ひ》または直霊《なおひ》と呼ばれるものが宿っているが、それは宇宙を成立させている根源の精気（根本エネルギー）たる根本直霊が無数に分出したものである。それは、根源から分出したものであるから、分霊《わけひ》とも呼ばれる。人間は、霊《ひ》の溜《と》まった存在、霊《ひ》溜《と》であって、この真理を悟った者は、かつてヒジリ（霊知り、聖）と呼ばれていたのである。

宇宙の本体中心である根本直霊という呼び方は客観的な表現であるが、主観する立場からそのはたらきを名づけると、「天御中主太神」という神名となる。この太神から分け与えられた直霊（最高意識）から、和身魂（意識）が生まれ、八十万魂を統合し、荒身魂（身体）へと顕現、成長していく、これが日本古典の本義であると川面は説いている。

すべての人間の魂に宇宙の根本直霊の分霊が宿っているという考えは、神道各派に共通する教理のひとつであるが、日本人の平等思想は、この分霊神学に由来しているとみてよいのではないだろうか。人間の始祖は創造神によって創られたというキリスト教の考えは、西洋の万人平等思想の神学的根拠となったが、これは日本人の平等思想の由来と異なっている。

明治維新によって士農工商の身分差別はなくなり、四民平等の御代が到来したが、四民平等の神学的な基礎は、川面によれば、宇宙の本体中心、すなわち天御中主太神の分け霊を平等にいただいた同根一体の存在である所に求められる。

キミ（君）とオミ（臣）とタミ（民）は、その社会的役割において区別はあるが、いずれも大神の分霊を受けて地上に顕われた尊い存在であり、その意味で霊格はちがっても神学上はみな平等に顕津神《あきつかみ》、アラヒトガミなのである。天皇だけが唯一の顕津神なのではない、と川面は戦前の国家神道からみれば異端と思われるような見解を述べている。

では、すべての人の魂に平等に直霊が与えられているとするなら、なぜ人間に能力の差が生じるのであろうか、という疑問が湧く。川面に言わせれば、直霊としては、万有皆平等であるが、直霊の結晶の仕方と度合いによって差別を生じるという。

「霊は宇宙万有を通じて、平等一体にして、また普遍性なれども、魂は差別にして個性たるのである。それは、霊のたまりに溜まる上において、大小長短、精粗厚薄の差別があるから」である。

直霊の結晶の仕方と度合いは、事物によっても人によっても異なり、それに伴い、魂《たま》に差別が生じ、個性というものが生まれ、能力に違いが生じてくるのであるという。

一霊から五魂に

直霊の凝集した運動体である人間のニギミタマは、大別するとクシミタマとサチミタマとマミタマの三つに分けられる。クシミタマは、洞察力、知性を意味し、サチミタマは感情、感性を、マミタマは意思力、胆力を指すと川面は解釈する。直霊の結晶の仕方が違うので、知性も感性も意思力も人に応じて性質も強度も異なることになる。

サチミタマのなかでも、非常に強力なサチミタマになると、愛情や思いやりの魂体として分出され相手に移入し、相手に幸せをもたらすことがある。サチは、「裂き」、「割き」の派生語とみられ、古語では、獲物を射止める霊力を意味していたようだが、矢が弓から離れて飛んでいくように胸からサチミタマが割かれて飛び出し相手方に附着していくのである。古代人は、抽象的な「愛」としてではなく、胸から実際飛び出していく具象的な「サチミタマ」と感得していたのであった。

また、クシミタマが極度に凝縮され強力なクシミタマになると、遠隔地や過去、未来の異界に飛んでそこでの現象を知覚することがある。クシとは、「貫く」、「透る」という原意をもつが、クシミタマは、額から飛び出し、時空の次元を超えて別世界に貫通していく力を持っている。

クシミタマもサチミタマも、ある意念を凝集することによってその念力がある程度以上に高まったとき、一種の霊力としてわが額から、わが胸から瞬間的に飛び出していくのである。飛び出す過程は、まだ科学的なセンサーが発達していないため観測されていないが、いずれ直接または間接に観測される時代が到来するであろうと川面は信じていた。

実際に、川面は、サチミタマを飛ばして病人の遠隔治療をしたり、クシミタマを南極大陸に飛ばして広瀬隊の消息を観察したりしていたようである。川面の実体験からすれば、ミタマは、抽象的な作用概念ではなく、現に存在し、瞬間移動させうる実体なのである。

彼は、肉体における霊と魂のつながりについて、次のような図表を提示している。この構造は、人間の肉体だけでなく、形ある魂体、霊体についても共通するものとされている。

川面は、キリスト教や仏教は霊魂の説明が貧弱であると批評しているが、たしかに、このような多重の入れ子構造の躍動的なミタマ観は、彼独自のものである。彼は、『日本古典真義』において霊と魂の四分類などについて七百頁以上にわたり実に綿密に分析しており、本書で

直霊《なおひ》（最高意識）――直毘《なおび》（潜在意識）――和身魂（意識）――
真身魂（意思）
幸身魂（感情）
奇身魂（智識）
――荒身魂（肉体）

詳しく紹介する余裕がないが、これほど精細な霊と魂の分析は、その当否は別として東西の神学を見渡しても稀有なものであろう。

川面に私淑した神道学者で、神宮奉斎会の会長であった今泉定助はこう述べている。

「川面先生の国学史上、思想史上における大なる業績は、これを一言にして言えば、祖神垂示の霊魂観の展開にあった」（『川面先生の業績について』）

また、戦後に稜威会の会長を務めた神道学者の中西旭（中央大学教授）は、川面神学における「人の霊魂についての本質諦視は、従来のキリスト教、仏教等の著名な教学も立ち入りえなかった聖域である」と評価している（『五十年祭記念会報』）

だが、川面の霊魂観は、近代化、欧化を急いだ当時の社会思潮にあっては、きわめて少数派であった。科学的に実証されたものだけが存在すると考えた学者たちは、霊魂や妖怪の存在には懐疑的であった。明治の思想家で妖怪学を創始した井上円了は、幽霊や妖怪は幻影にすぎず、惑わされてはならないと主張した。大方の民衆は、まだ霊魂や幽霊の存在を信じていたが、知識人の間では、むしろ中江兆民に代表されるような霊魂否定説が有力であった。

徹底した無神論者として鳴らした思想家の中江兆民は、ガンを宣告された最期の病床において『続一年有半』（明治三四年）を喘ぎながら書きあげたが、その中で次のように無霊魂論を展開していた。

「精神とは、本体ではない、本体より発する作用である・・・・躯殻は本体である。さればこそ、躯殻死すれば、精神は消滅する」

病床で死を覚悟した兆民は、精神の作用がなくなるのは、ちょうど薪が燃え尽きると火が消えるのと同じと考えた。だが、死者の体から精神体（魂体）の離脱するのをありありと観ていた川面に言わせれば、火が消えるのは、単に通常人の五官においてそう見えるに過ぎない。火は消えても熱になって残るように、精気《エネルギー》の形態が変化するにすぎない。精神は、単に作用に止まるのではなく、ひとつの実体であって、精神体、魂体と呼ぶべきものであると洞察したのであった。

死後にはどうなる

では、死後にその魂体はどうなるのであろうか。身体が滅びても、魂体は、永続するのであろうか。存続するとすれば、どこにどういう形で残るのであろうか。これは、誰しも抱く疑問である。

川面の霊視によると、死亡によって身体が機能を停止したあと、魂体が肉体を脱出し、天井付近の上空にしばらくとどまり、自分の肉体や現場の状況を明瞭に眺め下ろしている時期があるという。タマの抜けたカラダは、（タマ）ナキガラと呼ばれるが、抜けたタマは自身のナキガラを上空からしばらく観察しているというのである。

その証拠が欲しいなら、間接的な証拠ではあるが、「猫を見よ」と彼はいう。故人にかわいがられた猫は、故人の死の直後、遺体の方を向かず、部屋の隅や天井を凝視し、あるいは屋根に上ってじっとしていることがあるが、これは猫の霊力で懐かしい故人の魂体のありかを感知しているのだという。猫のほうが、人間より霊覚が鋭いのかもしれない。

この観察は、興味深いことに、近年各国で発表されている臨死体験者の諸報告とよく似ている。臨死体験をして生還してきた人々の報告によると、死亡の直後に天井辺りの上空から自分の死体を眺め、医師や看護師があわてて応急の手当てをしている様子を観察していると いう。そして、なにかの加減でたまさか生還したあとにその手当ての模様を正確に伝え、死亡したものと思い込んでいた立会人をびっくり仰天させるのである。

おそらく川面の霊眼にも、似たような臨終の光景の全体が見えていたのであろう。遺族たちが極度に嘆き悲しむと、上空にとどまっている死者の霊魂が後ろ髪をひかれて苦しむ様子も観察していたようで、次のように注意を促している。

「君父や縁者の死に当たって心すべきことがある。それは過度に嘆き悲しんではならないということだ」

別れの場で悲嘆にくれると、その悲しみの気は死者の霊魂に流れ込み、後ろ髪を引かれる思いにさせ、死者の苦痛を招く。なくなったばかりの死者は、通常、現界と霊界の中間にある冥界において遺族や友人に感謝しつつ霊界に旅立つ準備をしているのだから、あまり嘆き悲しんで死者の足を引っ張ってもらっては困るのだ。

むしろ死者の生前の徳をたたえ、祝詞、神楽や賛美歌、オルガンなどで明るく霊界に送り出すことが大事だという。そして霊界において更なる霊性の向上に励むよう、明るい祈りのエネルギーを送ってあげることが肝要だという。これが、本来尽くすべき「死後の孝養」なのであって、極度に嘆き悲しむことは「孝養」からかえって遠ざかることになる。

川面によると、奈良朝までの日本民族が、快活の気性にとみ、海外に雄飛していたのは、死者に対するこの心得を保持していたからであるという。奈良朝までは、村人が集まり、神楽を奏して死者の徳を讃え、天津祝詞を高らかに唱えて死者の霊を明るく清らかに祭っていた。こうして、遺族から悲しみの気を散じ、死者の霊も後顧の憂いなく次なる霊界に旅立つよう明るく送り出していたという。

古事記をみるとたしかに、アメノワカヒコの葬儀のとき、人々は八日八夜にわたって歌を歌い、舞を踊り、死者の魂の旅立ちを祝い祭ったという記録がある。死者がどこでどのような形で死のうとも、本来、悲嘆にくれてはならず、別れを惜しみつつも楽しく明るく送り出すべきものなのであった。

ところが、後世に儒教が入ってくると、三年の喪に服するなど長い悲しみの道のりを教え、仏教が入ってくると、諸行無常の観念を伝え、国民の英気を消沈させてしまった。特に浄土真宗は「朝には紅顔あって夕べには白骨となれる身なり」と人生のはかなさを強調し、念仏の大事を説いた。今日、葬儀と聞くと、なにか暗い陰鬱なものを感じるが、陰々滅々たる読経を中心にすえる仏教風葬儀のもたらした影響であろう。

日本仏教は、神道から祖霊を追善供養する習慣を取りこみ、お彼岸やお盆の行事として定着させたが、遺族の悲しみの気を散ずる法を知らなかったので、平安朝以降は国民の精神が次第に萎えてきたと川面は指摘している。「人生は、はかなく、あわれなものだ」という弱々しい仏教風の無常観が国中に蔓延し、国民の気概と気力を削いでしまったという。

日本民族の古来の風習を探ってみると、それは、縁者の死に際しても、いたずらに悲しんで死者の魂を傷つけることなく、大いに遺志を受け継いで、家を興し、国を守ることであった。「死後の孝」とは、嘆き悲しむことではなく、逆に明るく元気に過していることを示し、この世をみそなわしている死者の霊を鼓舞することであったのだ。

死というものは、再生のために避けて通れない一過性の現象であり、その意味で慶ばしいものである。冬至の時期のように、一時は、昼が短く暗くなったとしても、それを過ぎれば再び明るさが回復する。太古の人々は、冬至祭を笛や太鼓でにぎにぎしく祝ったが、それと同じように、通過儀礼である死の祭りも、楽しく明るく振舞い、再生に向かう死者の旅立ちを祝福すべきなのである。

こうして、死者のアラミタマとしての遺骨は墓に納められ、ニギミタマはしばらく位牌、神位その他の依り代に宿る。遺骨はやがて元素に分解されていくように、ニギミタマから分解されたたナオヒは霊界に去っていく。そして、ナオヒは、適切な時期に適切な母胎を得て、再生してくるという。

「私は必ず日本に再生してくる。それまで、細々とでいいから稜威会の活動を絶やさないようにしてもらいたい」と川面は遺言した。再生してきたのちの世においても、彼が「宇宙の大道」と呼んだ太古の道統を継承して救済の業を続ける覚悟であった。

この世をば　救ひ得ずとも　のちの世を　かけて救はば　わが望みたる

第八章　太古神道の宇宙観と心身観

第九章　表観と裏観を用いる

客観、主観と表観、裏観

川面は、宇宙から「原原子」（素粒子）にいたるまで、万有は、客観的に観察される存在であると同時に、みずから主観する生きた意識体、ミタマであると考えた。物質を物質として成り立たせている内側のミタマの力がなければ、物質として存立しえないと考えた。

たとえば、太陽を客観的に見るなら、ヘリウムガスの核融合体としての姿を現わすが、主観すれば、万物を育てる意識体の天照大神としてはたらいている。地球を客観すれば、岩石や水の集合体にすぎないが、主観すれば、国常立神として地球が有機的にそれとしてなりたつよう時々刻々活動している。

水を客観的に観測すれば水素と酸素の結合体と説明されるが、水それ自身において主観するときは、ミズハノメの神として、相応の自性を現し、万物の浄化を司り、情報を記憶する。水銀や白梅も客観的にみれば物質にすぎないが、それぞれ丹生津姫《にうづ》、木花咲耶姫《このはなさくや》という愛称で示される意識体として活発に活動しているのである。

物事は、このように客観しつつ主観し、主観しつつ客観することによって全貌が見えてくると彼は考え、それを「主客合観」と呼んだ。

この主観、客観という観法に加えて、表観、裏観という新たな観法を彼は導入する。

「裏観すれば霊、表観すれば魂・・・。宇宙万有、天地人類は、ことごとく皆、霊であり魂である」

人間を表観すれば、身と見えるが、裏観すれば魂が顕れる。また、さらに魂を裏観すれば霊がみえてくる。そして、魂も霊も客観すれば、相応の微細なエネルギー体としての魂体、霊体を持っていることが観察されるが、言うまでもなく、霊と魂の合体した霊魂はひとつのミタマでもある。

川面の眼には、極大の宇宙から、極小の素粒子にいたるまで、多重の入れ子の形で相互にはたらきあう「ミタマ」と映っていたようである。宇宙万有は、多重の入れ子構造、あるいは多重の膜構造をなして活発にはたらいているから、表と裏から観ることができるのである。表観と裏観を合わせて統合的に観察することを、彼は「表裏合観」と名付け、重視した。

「客観主観」というのは、西欧の理性が中世以来開発してきた観法であり、これを基礎に近代科学が発達してきたが、「表観裏観」という観法は、わが国の古代に由来するとして川面が整備した観法である。この表裏観は、仏教にもキリスト教にも見られない川面独自のものでではないだろうか。

川面の表裏観にたてば、森羅万象は、お互いに多重の入れ子として無限に重なり合っているのだから、表観しつつ裏観し、裏観しつつ表観することができる。客観主観に加え、表観裏観という観法を組み合わせることによって、より深い存在の実相に迫ることができるのである。

川面は、表裏観を、神道の祓いにも適用してこう語る。

「祓いとは、裏よりいえば張るにて、表よりいえば祓ふなり。直霊を張りて、穢れと罪を祓ふなり」

幣さばきや禊ぎによる祓いの行事は、表から観ると、人の罪、穢れを取り除いているのであるが、裏から観ると、人に直霊を張り充実させ、それによって（客観的に把握される）魂体と身体を活性化させているのである。

川面の観察によれば、目の前に座っている来客を表観すれば、血の流れている「身体」と見えるが、裏観すれば霊の満ちている「魂体」が顕れてくる。彼は、目前にいる来客の姿と二重写しに、客の考えや悩みのかたちをはっきり霊視し、それに応じて丁々発止と対応していたのであったが、魂体はあまりにも微細なため、普通の人間の五感では、感知することができない。

しかし、いずれ科学が発達し、精細なセンサーが開発されれば、それを直接または間接に客観的観察を行うことができるようになるだろうと考えていた。「宗教と科学は、背戻するものならず、合体すべきものぞ」と川面は強調する。

「今日の科学思想がますます進歩発達して洗練濾過すれば、太古の直感的思想と一致するに至る。・・・太古の信仰と今日の信仰が一致するに至りて初めて真の信仰を発見する」

ここで、「今日の信仰」というのは、科学的観測によって発見されたものだけが実在するとみなす今日の科学信仰を意味している。川面は、記紀などの古典にみられる神話的な観念は、科学の進歩と矛盾するものではなく、かえって、科学によってより精緻に説明される時代が来るだろうと信じていた。それは、科学と宗教は矛盾し、科学が発達するにつれて、宗教や神話の迷蒙が暴露されてくると考えていた当時の啓蒙思想界とは正反対の立場であった。

実際、川面の期待したとおり、今日では、生体の周りを取り巻く生体電磁波をオーラの形と色に変換して表現する器械がすでに発明されている。怒りや喜びなど感情の性質によって、変換されたオーラの色が変化し、感情の強さによってオーラの形が変動することが知られている。感情体の存在と変化は、相当程度、間接的に計測できる段階に到達している。

また、思考の内容を脳波や磁気共鳴画像の解析によって把握する装置も登場しており、思考の内容それ自体もある種の波動体として間接的に把捉しうることもわかってきた。自分の行動を反省したり、正邪を判断したりする思考が、脳の物理的次元から発生するのか、脳以外の次元からうまれるのかはまだ判明していないが、少なくとも思考や想念の結果（思考体、想念体）は、ある程度脳波などから逆解析できることは確かなようである。

川面先生の書

時空に表と裏がある

川面は、表裏観の立場から人間の多元的な構造を洞察したが、空間と時間についても独創的な見解を述べている。

空間と時間はまったく独立した別次元のもののようにみえるがそうではない。空間とは、ひとつの時空を「質的、静的に表観」したものであり、時間は、ひとつの時空を「量的、動的に裏観」したものという。時間も空間も、一つの「時空」の表裏観の違いから生まれるにすぎないと川面は語る。空間を離れて絶対的な時間は存在せず、時間と無関係に絶対的な空間は存在しないのである。

「いまだかつて時間の存せざるところの空間なく、空間の存せざるところの時間はないのである。・・・・本来一体なるものを表観し裏観したるにすぎざるがゆえに、質と量との不二一体なるがごとく、時間と空間もまた均しく不二一体のものに帰着するのである」（『日本古典真義』）

これは、アインシュタインの特殊相対性理論がわが国に紹介される以前の見解である。アインシュタインは、地球の空間から離れて重力が小さくなると時間が進み、空間を高速で運動しているものが観測すると時間は遅れると考えた。時間は、空間を走る光を基準にして決められているので、光そのものには時間はない。空間と時間は絡み合った統一体であって、それぞれ完全に独立した別次元に属するものではないとされている。

近年の理論物理学では、空間と時間は、ひとつの「時空」のある断面であって、地球人の住む四次元時空は五次元時空の中の膜《メムブレイン》のような断面であるというリサ・ランドール（ハーバード大学教授）の仮説も提唱されている。

この立場からすれば、地球人も自然界も、もとの存在場である五次元時空からこの世の四次元時空をのぞいている存在ということになる。単に静的にのぞいているだけでなく、四次元時空と絶えずエネルギー変換しつつ動的に交流している五次元の存在とみなされている。人間も草木も、この地上で第三者から客観的に観察された場合に、四次元の存在として立ち顕われるにすぎないとされている。

リサ・ランドール

空間と違って時間は見えないから、我々にとって時間は捉えどころがない。時間についての普通の見方は、「過去は過ぎ去り、未来はきたらず」と言われるように一直線に流れ去るものと考えられている。だが、アインシュタインによれば、時間は相対的なもので、過去、現在、未来といわれるものは、あるとすれば等しく同時に存在しているとされる。光そのものに時間はないが、光から周囲を見ると、過去から未来まで永遠の時間が同時に存在しているようにみえるという。

驚くことに、川面も、過去と未来は、いまこの瞬間に同居しているものであると語っている。映画のフィルムにたとえて言えば、過去の画像と未来の画像は、一巻のフィルム膜の上にすでに同居している。

ただ、我々の能力では時間の順を追って過去から未来へとフィルムを回し、その投影をみるほかないが、川面のような特殊な霊覚者には、過去または未来が現在の映像の上に重なって見えていたようである。おそらく、その時、霊覚者の霊覚は時間のないある光となっていて、過去も未来も同時に存在しているように見えるのであろう。

川面は、現在の風光を見つつ、同時に遠隔地の情景あるいは過去、未来の境界をありありと観ることができると主張し、それを「イメ」の境地と呼んだ。夢でも現《うつつ》でも幻《まぼろし》でもない全く別次元の境地である。

寝床で夢を見ている人や催眠状態に導かれた人は現前の状況をまったく見ていないが、イメの境地では、目前の今の場を見つつ、同時に時空を超えたもうひとつの場を重ね合わせて観ている。肉眼の眼を用いつつ、同時に第二の眼で時空を透視しているのである。

例えば、ある土地を見ると、五百年前あるいは五百年後の状態が同時に重なって観え、困りごとの相談に訪れた依頼者の姿を見ると、困りごとの原因となる時空を超えた霊的背景やカルマをありありと観るのである。こういう現象は、川面以外にも、本山博はじめ多くの有能な霊覚者が体験し証言しているところであり、透視された過去の事件や人物の存在が歴史資料から事実であったことが確認されたものもある。

川面によれば、歴代の天皇もこのイメの境地を開発するため、日々魂鎮めの行（魂ふり）に沈潜されてきたという。たとえば、大嘗祭、新嘗祭の前夜に、天皇が行われる「同床共殿の行事」というのは、魂鎮めの手振りをしつつ神鏡をじっと見つめる行であるが、このとき、目前の神鏡を見ると同時に、時空を超えた天津鏡に映る情景をありありと観て、そのイメの境地において祖神アマテラスと対面され、一体化されるという神聖な行事であると解説する。

それは、「夢にあらず、現にあらず、幻にもあらざる境地」なのである。

「鎮魂裏におけるイメの境地は・・・周囲における現在の境を明らかに認めおると同時に夢のごとき境をも認めおりて、幻でもなく歴然たる霊境を認め、その霊境において神と思ひ、神と行ひ得るのです。この境を称してイメと申すのです」

歴代の天皇は、このイメの境地に到達するため、白川伯王家の指導を受けて皇太子時代からある体系的な霊能開発の行を続けてきたという。それは、寝ている間に夢の中で神霊の託宣を受ける夢見の技法ではなく、また神がかりして意識を失う憑依の技法でもない。

中今の時間感覚

時空論に関係するが、神道用語に「中今《なかいま》」（続日本紀）という言葉がある。字義どおりには、過去と未来に挟まれた只中の現在という意味であるが、筆者は、過去と未来を中に織り畳んだものとしての現在を意味するものと解釈している。

曹洞禅でいう「端的只今」は、あとさきを考えず今の一瞬に集中することを意味しているのに対して、「中今」は、閉じた扇子のように過去と未来を重ね合わせたふくよかなイマである。過去と未来を折り畳み、包んだものとしてうち続く「永遠の今」といいかえてもよい。

過去と未来を包んだナカイマを表観すれば、現在この場の断面が見えるにすぎないが、裏観すれば「天地の初め」や「神代」を含む多重に折りたたまれた過去が立ち顕われてくる。中今というのは、時空のすべてを抱きかかえ、背負った今の瞬間なのであるが、過去、未来の情景を含む中今をすべて観透することができるのは、高度に開発されたイメの境地においてである。

過去と未来が多重に織り畳まれた「ナカイマ」をイメの境地において、ほどき、解いていくと、過去や未来のあるトキがトキ明かされるのである。ナカイマをこのように解釈すると、川面のいう「イメの境地」が理解しやすくなるだろう。

このナカイマの時間感覚は、セム族には見られないものであると思う。ユダヤ教などセム族系宗教は、時間を過去から未来へと一直線に流れ去るものとみなし、死後の時間に、天国における救済可能性という意味を与え、流れ去る歴史に「堕落からの救済の約束」という意味を付与した。

これに対し、太古のナカイマの感覚は、現在が過去や未来と同居しているとみるものであるから、我々は、このただ今において祖霊や靖国の御霊や諸神霊とともに同居し、対話し、生活し、呼吸していると考える。古神道にあっては、絶対神や阿弥陀仏による救済という観念はなく、浄化(お浄め)による神人合一が最終的に行き着くところなのであるが、その浄化は、過去の神代において行われたと同じように、ただ今、時々刻々に行われつつあり、死後においても時々刻々に行われ、生まれ変わり死に変わりしつつ、浄化の完成へと向かうのである。

現在という時間は、あくまでもナカイマを表観したその断面が浮かび上がったものにすぎず、ナカイマを裏観すれば、過去または未来の生活や風景が同時に立ち顕れてくるのである。

ただ、残念なことに、的確に裏観することができるのは、高度に開発された神人合一の「イメの境地」の段階以上に限られるのである。

注意しておきたいのは、川面説における表観も裏観も、固定的なものではなく、流動的であり、お互いにその境界を変えるということである。メビウスの輪を想像されるとわかりやすいが、いつの間にか表が裏になり、裏が表になる表裏一体の流動的なものである。時空のミタマの多重の膜の裏と表は、常に境界を交代しながら、変移しているのである。

川面の観法を借りるなら、光を表観すると粒子として振舞い、裏観すると波動として振舞うといえるであろうが、超高速で回転するメビウスの輪のように、粒子と波動は、表になり裏になりつつ猛烈な勢いで旋回しているのであって、その動的な全体が光子という現象として顕れているとみることができるであろう。それは、客観すれば、粒子または波動と観測されるが、主観すれば光の意識体《ミタマ》として活動し、過去と未来を同時に眺めているのである。

太陽から降り注ぐ光は、このように粒子と波動の高速旋回体としての意識体とみることができるが、天から降り注ぐ神秘的な稜威《みいづ》も、そのアナロジー（類比）で考えることができるのではないだろうか。

第十章　中心から遠心、求心へ

宇宙の初めのとき

では、多重のミタマ（意識体）とみられるこの宇宙はどのような過程を経て誕生したものであろうか。霊覚に富んでいた古代の日本民族は、独特な宇宙発生論をもっていたはずであり、それを探求しなければならない、と川面は考えた。

川面は、修行時代に、内村鑑三の自宅集会に出席して聖書を学んだことがあるが、旧約聖書の創世記では、超越的な神《エロヒム》が「光あれ」と宣言したので、突如、暗闇に光が生じ、ついで天地と太陽、月、星、鳥、獣を造り、最後に土くれに息を吹きかけて人間を創造したと伝えられる。このようにセム族系の一神教は、全能の創造者の意思によっていきなり光と天地と万物が創造されたと説くのみで、どのような過程を経て創造されたのかは、つまびらかにしていない。

ところが、日本訳聖書が登場した明治のころ、大方の知識人は、朱子の『近思録』などに親しんでいたから、太極（理）から一気を生じ、一気が陰陽二気に分化し、陰陽と五行（木、火、土、金、水の性質）の組み合わせによって万物が発生したという朱子学の一気論をよく知っていた。

この一気論の方が、聖書の創造神話よりはるかに合理的で、万物発生の道理と過程をよく説明しているように思われた。旧約聖書の説くいきなりの創造神話は、近思録に比べれば、子供だましの幼稚なものと考える知識人がほとんどであった。

川面も、少年時代に漢学塾で『近思録』を学んだことがあったから、朱子の一気論はおおよそ理解していた。だが、彼は、朱子の一気論や聖書の創造説を採用せず、日本古典の洞察を用いて、宇宙の成り立ちを説明しようとしたのである。

古事記によると、天地の初発の時、三柱の神々が次々に出現されて、ただちに身を隠されたという。

「天地初めのとき、高天原になりませる神の名は、アマノミナカヌシの神、次にタカミムスヒの神、次にカムミムスヒの神。この三柱の神は、皆独神《ひとりがみ》と成り座《ま》して、身を隠したまひき」

天地の初めのとき顕《あ》れなった三柱の神々は、国づくりのあとに登場した神々が人格神であるのに対し、独自の能き（はたらき）を示す機能神である。人格神は、陰陽の対神《ふたりがみ》であることが多いが、機能神は、宇宙生成の能きをあらわす独神である。「なる」というのは、内在する固有の力によって自発的に展開することを意味するから、「高天原になりませる」三柱の神々は、ある固有の展開力をもつ機能神と解される。

これら三柱の機能神は、それぞれの能きを終えると、ただちに身を奥の世界に隠される。機能神は、裏世界の奥深くから表の世界に向かって能き、それを終えると裏の世界に隠れたもうのであるから、その能きの仕方を解明することが次の課題となる。では、三柱の機能神は、どのような能きをなさるのであろうか。

さて、古事記は、宇宙の初めのとき三つの能きが次々に出現し、一体となって活動を開始したことを示唆しているが、どのような能きであろうか。古事記は、その能きの内容についてなにも語っていない。

そこで、川面は、神名の一つ一つの言霊《ことだま》を分析することによって、神の機能を説明しようとする。日本語五十音のそれぞれに、原意と派生意が多重に折り重なっているから、それを統合的に解釈することによって、神々の能きが判明すると考えた。

川面の説によると、アマノミナカヌシの「ア」は、開き、包むという原意を有し、派生意として驚嘆、尊称の意味をもつ。「マ」は、みたまという原意を持ち、空間といった派生意を有する。したがって、「アマ」とは、開かれた空間である宇宙を仰いで賛嘆し、宇宙空間を生きたミタマ（身魂）として包括的に表現した美称である。

さらに、川面の言霊解釈では、「ナ」は調和を、「カ」は輝きを意味し、「ヌ」も「シ」も精妙なミタマを意味するとして、長大な講釈を展開している。一つ一つの言霊に沈潜して統合的に解釈しようと、かれは長大な解説を加えているが、それをまとめて現代風に意訳すると、アマノミナカヌシとは「生き生きと活動している宇宙のみたまの最奥の中心にあって、宇宙内の多重の入れ子のような諸々のみたまの活動を制御、統一、主宰している隠れた能き」ということになる。

それは、宇宙本体の根本直霊《おおなおひ》の能きと言い換えてもよい。根本直霊を、神名で主観的に記号表現したものが、アマノミナカヌシの太神なのである。古事記は、アマノミナカヌシの能きについて何も語らないが、それはすでにそれぞれの言霊に含まれているから語る必要がないのである。

アマノミナカヌシは、宇宙を宇宙たらしめている根源の生きた、躍動的な「能き」なのであって、仏教の説くような「無」でもなく、心理学者が言うような「中空」でもない。アマノミナカヌシは、存在するものでも存在しないものでもなく、すべての存在を産み出す母体であるとともに、すべての存在が還りつく源泉としてのある隠れた持続的な能きなのである。

川面の世界教においては、「アマノミナカヌシ」という言霊を繰り返し唱えること、できれば一日に二千回唱えることを勧めている。天御中主太神は、その分派である諸神霊と人類と万有が、そこから発出するとともに、そこに帰入する中心場であるので、まずこの中心場を称えるのが大切であるという。

「天御中主太神と称えれば宇宙の中心と分派との不二一体を賛美したるものとなるので、我と宇宙の中心分派と不二一体となる。・・・我が宇宙万有を祝福すれば、また宇宙万有も我を祝福するなり。されば、我の到る所は、天地山川禽獣草木に至るまで、その一切がなべてみな我を迎へ我を親しむ」

しかし、このような天御中主太神を中心に据える川面独自の教説は、内務省神社局や宮内省からは、歓迎されなかった。当時は、国を挙げて皇室と民族の祖神としての天照大神を崇敬していたからである。しかし、古事記に原初の神として記載されている以上、宇宙の根本神を説く川面の神学を否定あるいは禁止するわけにもいかなかった。

川面説によれば、天照大神は宇宙の根本神である天御中主太神から派生した、太陽神界を司る高貴な大神ということになるが、この考えでは皇室の祖神のありがたみが減損しかねないと官僚たちから危惧された。川面の世界教なるものは、大本教のように弾圧できない以上、穏やかに無視することが、内務省にとっても宮内省にとっても最良の策であったようである。

躍動的な造化三神

古事記の記載するところによれば、アマノミナカヌシの次に、タカミムスヒとカムミムスヒの二つの神の能きが登場する。「タカ」とは、川面の言霊解釈では、下から上へ、裏から表にあらたかに伸び、姿を顕わそうとする能きを示す。「カム」とは、その反対に上から下へ、表から裏へ隠れ、潜もうとする能きを意味する。

したがって、「タカミムスヒ」とは、裏の次元（霊界）から表の次元（顕界）に分派、分出しようとする霊《ヒ》の能きを意味するものであり、川面はこれを、「積極の作用、遠心力、拡散力」とも言いかえている。「カムミムスヒ」は、その反対に表の次元から裏の次元に回帰する霊《ヒ》の能きであって、「消極の作用、求心力、凝縮力」とも言いかえている。（こうしてみると、ムスヒとは、方向性と大きさをもった微細エネルギー体を意味していると解釈できるから、現代語でベクトルと言いかえてもよいかもしれない。）

ただし、タカミムスヒとカムミムスヒは、まったく相互に独立した関係ではなく表裏の関係にあるから、メビウスの輪のように、境界が転じるに従い相互に転換しつつ、現在も将来も、始めなく、終わりなく連環し、相続しつつ活動を続けると同時に、大中心たるアマノミナカヌシに向かって還元、帰結しつつあると、川面は述べる。

それは、たえず境界を変えながら、中心から分派（derivative）へ、分派から中心へと一体的に能いている動的なものであって、ライプニッツのいう「単子《モナト》」のような静的で内容のない微小単位と違うものと考えていた。

大正十四年、ドイツの宗教家アントン・ギュート（出家名ニヤーナ・ティローカ）が川面を訪れて、「霊魂は、目に見えない超微粒子から成るという御説は、ライプニッツのモナトという単子説と同じではないか」と批評したことがある。これに対して、川面は次のように応えている。

「モナトは、ただ輪郭の名称にすぎず、その内容の説明がない。それはちょうど、カントの『物それ自身』とおなじく、内容が貧弱で何らの体系がないので

アントン・ギュートと語る

ある。・・・日本の霊《ひ》といい、直霊《なほひ》というものは、そんな貧弱なものではない。これを平面的に説明すれば、中心あり、分派あり、中心と分派の不二一体の体系をもって成立しておるのである」

日本の霊《ひ》は、極微小な単位ではあるが、それは遠心の作用によって中心から離れると同時に求心力によって中心に向かって帰一しつつある、きわめてダイナミックな活動体系なのである。ライプニッツのいうような単純な単子ではない。ライプニッツは、宇宙には知覚能力をもった無数のモナトがあり神の予定した調和を実現しようと活動していると考えたが、その活動の詳細なプロセスについてはあまり語っていないようである。

川面の解釈によると、多重の膜のように構成されているこの表裏一体の宇宙は、求心、遠心の二つのムスヒの絶え間ない相互旋回運動を通じたエネルギー変換によって形成され消滅しつつあるけれども、それらの能きに最終の根拠を与え、秩序付けているのは、生きたミタマである宇宙の中心をなす「アマノミナカヌシ」にほかならない。

宇宙の根本本体たるアマノミナカヌシから分出した二つのムスヒは、このように相互に変換しつつ、毎瞬、毎瞬、表に顕れ、裏に回帰する無限の旋回運動を続けている。この中心力と遠心力、求心力の三つの能きによって原宇宙（天地）が誕生し、いまも休みなく形成され続けている。

川面によれば、遠心力（拡張力）は、求心力（凝縮力）に変換され、求心力は遠心力に境界を変える。その両者に絶えず根拠を与え、両者を包摂し続けるものとして中心力がある。この三つの力に対して、古事記は、三柱のカミという神名で記号化して表現しようとしたと彼は考えた。

川面の世界教祝詞では、「みいづ輝く尊しや」という見えない高貴な光を讃える一節を繰り返すが、それは今も絶え間なく続いている宇宙生成の姿を眺め、この三つの力の活動と調和を賛美する祝詞なのであろう。「みいづ輝く尊しや」は、ある中心の周りで相互に旋回している遠心力と求心力が産みだす光の輝きに感謝する祝詞なのであろう。その光こそ六合（くに）を照らし、万有に透徹し、万有を生かし続けるのである。

天地は窮まりなし

神道の世界に宇宙造化論を持ち込み体系化したのは、江戸時代の服部中庸や平田篤胤が最初であったが、川面も独自の言霊解釈を通じて、民族の宇宙観を明らかにしようとした。平田がキリスト教の創造説に触発されて体系化したように、川面も明治に流入したキリスト教神学に刺激を受け、これに対抗しうる宇宙観を樹立しようとしたのである。だが、川面の解釈した古代人の宇宙生成論は、キリスト教の創造説とは全く対照的なものであった。

ユダヤ・キリスト教の世界では、超越神の思念によって一瞬のうちに宇宙が「創造」されたと説明する。「創造」があれば、したがって論理上「終末」もあるはずであるが、川面の神学では、「創造」、「終末」と見える現象はあっても、それで終わるわけではなく、宇宙の大いなる「生成発展」の一部に過ぎない。「終末」と見える現象から、再び新たな生成が始まるのである。創造神の支配する世界は確かに存在するが、それは生成神の管理する世界の一部にすぎないと川面は考えていた。

聖書の宇宙観と対照的に、古事記にいう宇宙は、創造されたものではなく生成されたもの、「生り成りて化《な》る」ものであるから、したがって「無始無終の宇宙」なのである。窮《きわ》まりない悠久の宇宙なのである。この無窮の宇宙論の根拠は、「天地初めのとき、高天原になりませる神」という古事記の表現に由来し、それを地上に投影したものがいわゆる「天壌無窮の神勅」なのである。

中心《アマノミナカヌシ》と遠心《タカミムスヒ》と求心《カムミムスヒ》の三つの能きは、このように過去、現在、未来にわたって、始めなく終わりなく、能いているのであるから、宇宙の「創造」という用語を用いるのは、不適切ということになる。創造は、終末を招来し、終末は創造を前提とするからである。

これに対し、古代の霊覚者の洞察した宇宙観は、「創造」と「終末」ではなく、永遠の「生成発展」、「修理固成」（つくりおさめ）である。この宇宙は、連続するミタマ（意識体）の集合体なのである。だから、この世の「終り」と見える大地震、大津波などの悲惨な現象に出くわしても、慌てふためくことも悲嘆することもなく、大いなる宇宙の流れ（天壌無窮）に感謝しつつ悠々と身を任せていけばよいわけである。

西暦で一八九九年、和暦の明治三十二年は十九世紀末に当たっていた。

その頃、西欧では十九世紀の「よき時代」（ベル・エポク）の終わりを予感した芸術家たちが、退嬰的な作品にその終末観と哀愁を凝縮させ、「世紀末」と呼ばれる風潮が支配していた。社会のモラルは乱れ、オカルトが流行し、キリスト教の終末思想は人心を良導するどころか、逆にデカダンスの腐臭をあちらこちらで漂わせていた。西洋の「世紀末」は、この世の終わりと二重写しに重ねられていた。

だが、これと対照的に、「終末」思想を持たないわが国では、輝く明治の御世が、整備された帝国憲法を土台にして、いまや大きく花開こうとしていた。天皇を祭政の中心に据えて遠心力と求心力を調和させつつ、さらに対外発展しようとする「天壌無窮」の信念が臣民を勇気付け、国威発揚の意気に燃えさかっていた。

世紀末の一八九九年、明治三十二年の頃は、日清戦争に勝利した大日本帝国にとってロシアが次の重大な脅威として身近に迫っていたが、天壌《あめつち》に「窮まり」はなく、世紀末といえども「終末」があるはずはなかった。臣民は、「生り成りて化りいく」帝国の日の出の勢いに身を任せていけばよかったのである。偉大な祖神が造り固めてくれたこの島国は、疑いなく永遠に栄えゆくのである。

遠つ神　固め修めし大八洲　天地ともに　とはに栄えむ

渦の回転エネルギー

古事記では、隠れた機能神である造化三神が能きを開始した直後、アシカビヒコジ、アメノトコタチ、クニノトコタチ、トヨクモヌと呼ばれる天地を形成する四神を経て、五対の陰陽神が登場する。陰陽神として最後に登場したのが、イザナギ、イザナミの神である。地球上の植物、魚類、鳥類、動物そして人類は、これら五組の対神の働きによってやがて無数に生成されることになる。

原宇宙の中心とみられるものから、遠心、求心の揺らぎが生じ、この三つの力の相互作用によって激しいエネルギーが生成され、天と地と星雲を生んだ。原宇宙の生成者である三神が地上界の対神に万物育成の役目を引き継ぐまでに、その中間にアシカビヒコジなどの四神が出現することに注目しておきたい。

特に注目すべきは、アシカビヒコジの神の能きである。本居宣長の解釈によれば、アシカビとは、燃え上がるように勢いよく延びる葦の芽を指す。抽象表現を持たなかった古代人は、沼沢地で葦の芽が無数に群生しつつ勢いよく萌えあがるその力強い動きを、アシカビヒコジという神名に仮託したものと思われる。

川面は、独自の言霊解釈から、それをさらに発展させ、タカミムスヒ（遠心）とカムミムスヒ（求心）の相互旋回作用を通じて、醗酵し、無数に分泌してくる霊魂群の輝く結晶体を賛美した神名と考えた。

アシカビヒコジの輝く霊魂群は、上に昇って天体を形成し天常立神となり、下に降りて地球を形成する。形成された地球は、生きた意識体のミタマでもあるから、主観して国常立神とも申し上げるのである。

アシカビヒコジは、客観すれば、いわば萌え上がる葦の芽のような螺旋のエネルギー体とみてよいかもしれない。というのも、よく観察すると、生長の早い葦の先端の芽は、渦を巻きながら伸びているからである。渦は、遠心力と求心力の微妙な均衡のゆらぎによって発生し、両者の相互作用によって拡大することは周知のとおりである。

その渦のもつ神秘的作用、渦の回転エネルギーから原宇宙（天地）が生まれでたことを、古代人の優れた霊感は「アシカビヒコジの神」と記号化して表したのではないだろうか。宇宙の銀河系も台風の目も竜巻も螺旋の渦を巻いている。ハッブル望遠鏡が観察した星雲群《トヨクモヌ》は、巴紋の渦を巻いている。

サザエも笹も葦の芽も真薦の芽も渦を巻きながら成長する。人間のDNA（デオキシリボ核酸）は、二重の螺旋構造になっており、新生児は母親の産道を回転しながら飛び出してくる。太古の人々は、直感的に渦のもつエネルギーの生成、変換作用を洞察していたのではないだろうか。

太古の道統をつたえる先住民族たるアイヌの衣装も、ケルトの装飾も、インカの彫刻も、渦の文様が重要な位置を占めている。ケルト民族において、渦巻きは生命を育む母体の子宮に見たてられ、異界へ誘導するエネルギーを持つとみなされていた。実際に、じっと渦巻きを見つめていると、別世界に誘い込まれそうな気がするものである。

おそらく、世界の先住民族は、異次元に誘導されるような不思議なエネルギーを感じ取り、それを衣裳や彫刻や神名に転写しようとしたのではないだろうか。

神話に隠された構造

文化人類学者のクロード・レヴィ=ストロースによると、神話的思惟とは、持ち合わせの限られた言語道具（記号）を器用に組み合わせて、自らの意味ある世界観（秩序ある構造）を表現することであるという。神話的な思惟は、概念の合理的な組み合わせではなく、神名、動物名などの記号《コード》の操作に基づいている。その操作は、近代論理学の「矛盾」や「否定」、「肯定」を超えたものであり、三段論法や自同律とも無縁である。神話的思惟において、一と多は矛盾するものではなく、同一と差異は対立するものではない。多神は一神と矛盾せず、差異あるものも一体とみなされる。

レヴィ=ストロースは、未開社会の原初的思惟は、歴史を超えて存続していると見られたある秩序的な世界観に基づいており、幼稚と思える神話の中に隠れている世界観の構造を発掘することを提唱した。古代人の神話的思惟は、現代人の合理的思考に劣っているとは断言できない以上、神話に隠された世界観の普遍的な構造を再評価する必要があると彼は考えた。

そして、世界の神話は断片的なものの寄せ集めであるのに対し、日本の神話はよくまとまっていると評価し、ある整合的な世界観をもつ相当高度の文明が日本に存在していたはずと推察した。歴史と神話を峻別しない日本古代の思惟に、ある普遍的な意味があるはずで、それは文化人類学的な見地から分析してみる価値があることを示唆した。

おそらく、多彩な抽象語を持たなかった古代人は、ありあわせの身近な具象語を用いて宇宙の構造と生成を説明しようとしたのであろう。

筆者の見立てでは、太古の人々は、水平線の裏側から立ち昇る朝日を指して、「タカミムスヒ」（隠れていたものが、表に出る日）と名づけ、水平線下に沈んでいく夕日を「カムミムスヒ」（奥深くに隠れていく日）と名づけたのではないかと推測しているが、古代人はこの朝日、夕日という具象語を用いて、宇宙の修理固成《つくりかため》のプロセスを説明しようとしたのではないだろうか。

わが国の古代人は、昇る太陽を意味するタカミムスヒと沈む太陽を意味するカムミムスヒという持ち合わせの言語をつかって、遠心（拡散）と求心（凝縮）の力が天地を形成したという宇宙観を表現しようとしたのではなかったろうか。遠心と求心の相互作用から発生する渦巻きの螺旋エネルギー体を、渦を巻いて成長するアシカビ（葦の芽）という持ち合わせの言葉で、表現しようとしたのではないだろうか。

さらに仔細に観察すれば、遠心力と求心力のムスヒは、その内部においてより微細なムスヒの生成発顕、充足充満と帰入統一の三つのプロセスを無限に繰り返しつつ、休みなく活動している。この精妙なムスヒ（微細エネルギー）の発顕と充足と帰入の三作用を神名によって表現したものが、それぞれイクムスヒ、タルムスヒ、タマツメムスヒであると川面は考えた。この三つのムスヒは、互いに結び、蒸し、醸しあって、タカミムスヒとカムミムスヒの二つの力を生み出しており、三つのムスヒの作用から、二つの力が生まれるのであると彼は考えた。

また、神話に現れる神々は、（詳しくは後述するが）宇宙を構成する多重の存在場を意味し、天御中主太神を発出点とするホログラフィックな投影構造の中に組み込まれ、織り込まれていることを物語ろうとしたものと川面は考え、古典の神話的思惟を明治期に造られた抽象語と西洋風の論理に置き換えて説明しようと試みたのであった。川面は、近代理性で幼稚と軽蔑された神話の中に秩序的な時空の構造を発見しようとしたわが国初の構造主義者だったのではないだろうか。

レヴィ＝ストロース

レヴィ＝ストロースの出現する以前は、アフリカ、アジアの未開民族には幼稚な神話と原始的なアニミズム（精霊信仰）しかなく、秩序的、統一的な世界観はないと切り捨てられていた。合理主義で説明しえない素朴な神話的思惟を捨てるのが「文明の進歩」であると考えられていた。

西欧中心的なアングロサクソンの学者たち（B・H・チェンバレン、W・G・アストンなど）は、アリストテレス哲学を応用して「合理的に」構成されたキリスト教の世界観が唯一最高のものと考えていたが、彼らの先入見に対して、ユダヤ系フランス人のレヴィ＝ストロースは一大痛撃を加えたのであった。

レヴィ＝ストロースが、川面神学を読むことができたなら、まさに「わが意を得たり」と膝を打ったかもしれない。

第十一章　全一《ホロス》なるカミ

一神にして多神、汎神

川面が粗末な草庵で日本古典の講義を行っていた頃のこと、あるとき草庵を訪ねてきた人が質問した。

「キリスト教は、唯一絶対の神を唱えて、これを天父として信仰しています。皇国の教えと比べていかがでありますか」

川面は、答えていった。

「確かに、キリスト教では、唯一絶対の神を唱えているが、分身の神々を説かない。ひとり大神のみを認めて、天人万有の神たることを説かない。・・・つまり、半面の神のみを説いているのである。詳しく言えば、数の一とは、多に対しての言語思想であれば、一が多を摂理し認容せざれば、唯一そのものすらなきに至る。これが根本的教義の相違である」

一は、多を前提とし、多を包摂するがゆえに、一として成立しうるのだ、と川面は力説する。多の世界をまったく離れ、多の世界とまったく無関係に一は存在しえないはずである。百歩譲って、一の世界と多の世界は存在場が違うとしても、一が存立するならば、それは多を包み、含むものでなくてはならない。そうでなければ、唯一神としての能きを多の現象世界で顕すことができないはずである。

川面の解釈によれば、宇宙万有は、山川、草木、空、風、動物も含め、みな本体神である天御中主太神の分霊、分魂、分身である。宇宙の大本体である天御中主は、神界においてアマテラス、スサノオなど天津神、国津神に分派、分出し、現界において、国土、工作物、社会組織を含めあらゆる存在に宿り、それらの存在を内側からそのものとして成り立たせているところの究極の根拠である。

原子、分子を含め、あらゆる物質は、物質だけで存在しえず、物質以外のものによって形を与えられている。物質も、また神から分出したものであるが、物質を含め、あらゆる現象の奥に神々はましますのである。

この分霊思想は、伯家神道最後の学頭であった高浜清七郎の歌によく表れている。

草も木も　人はさらなり　真砂まで神の社と　知る人ぞ神

草も木も真砂にいたるまで、すべて神の宿るミタマ（意識体）であって、それらをミタマと認めて尊重し、活かしあうことが人の本来の役目であるという歌である。人間も自然も、神の発現であるミタマと尊重されることによって救われ、その本来の力を発露していくという考えである。

言葉を換えていうなら、日本民族のカミは、一神にして多神、多神にして汎神である。一神のなかに多神が含まれ、多神のなかに汎神が存在するというホログラフィックな構造をしている。一神の活動のホログラフィックな投影が多神であり、多神の活動の投影が汎神であると言い換えてもよい。そして、一神から顕現した多神、汎神は、それぞれその活動を終えると再び一神に帰入するのである。

川面は、このようなダイナミックな投影構造を持つ日本の「カミ」の性質を、一語で「全神」と表現し、新しい「全神教」と呼ぶ神学体系を確立した。世界の一神教、多神教、汎神教は、この「全神教」の中にいずれ包摂され、統合されていくものと考えた。

川面は、円錐体の図を示しながら、次のように述べている。

「宇宙万有は、中心より顕われて中心に帰入する。宇宙の中心は中心なると同時に全体であり、全体であると同時に中心であり、中分不二一体の統一体を顕しているのです」

円錐体の頂点を根本中心《アマノミナカヌシ》とすれば、この中心が分派延長したものが円錐体の底面や輪郭をなしている。中心と分派、根本と末梢は、同根一体であり、眼に見えない速さで活発に「還元帰入、活躍流行」しつつあると川面は説明する。アマノミナカヌシは、円錐体の頂点であり、垂線であると同時に、円錐体の全体でもある。

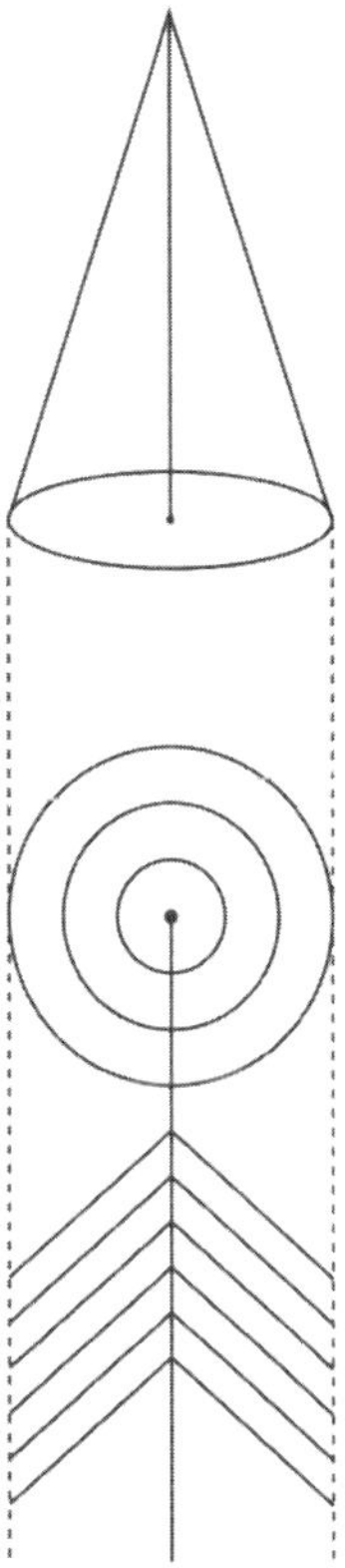

円錐体を平面的に見れば、中心点をとりまく同心円として表される。この図において中心線を樹の幹と見立てると、周囲は樹の枝と見ることができる。多神である枝は、一神たる幹から派生したものに他ならない。枝の神と幹の神を統合した全体を川面は「全神」と名付けた。世界の諸宗教は、まだ全神の一面しかとらえていないが、およそ二百年後には諸科学の発展

に伴い全神の全体像が解明されるようになるだろうと川面は考えていた。

川面のいう「全神」とは、今日の用語で言えば、「全一神」、あるいは「ホロス神」と言い換えてよいだろう。「全神教」とは、ホロス教あるいはホリズム教と言い換えてよいのではないかと思う。川面の解き明かした「宇宙の大道」は、単なる多神教でもアニミズム（精霊信仰）でもなく、一神も多神も精霊も包摂したホリズムの世界なのである。

ラテン語のホロスは、部分を含むより大きい全体の構造を意味し、ホリズム（全一主義）とは、部分だけに着目するのではなく、部分を包むより大きな全体を眺めるとともに、部分の中にも全体の要素が相似の姿で含まれているとみるアプローチを指している。人間を身、心、霊よりなる全体として捉え、包括的に治療するのが、いわゆるホリスティック療法である。

よく知られているように、一枚の平面ホログラムには、立体的な画像がいくつも隠されており、見る角度を変えてみれば、さまざまな色と形に変化するが、同じように各民族の眼から見れば、宇宙の本体神は、唯一神、自然神、人格神、民族神、職能神などさまざまに分派した多彩な色と形において把握される。

各民族はこれまで、最高神としてファラオ、エホバ、デウス、シヴァの神などを信仰してきたが、それぞれ宇宙の大本体神の発顕したものであると川面は説明する。譬えて言えば、一枚のホログラムの中に浮かぶ立体的な透視画像を、それぞれ角度を変えて観たものである。

川面の提唱した「全神教」は、一神、多神を包摂するのであるから、各自が信ずる神仏それぞれの名をもって信仰することを妨げるものではないという。宇宙（時空）を成り立たせている根本本体である天御中主太神が、その分霊である阿弥陀仏、エホバ、デウス等を通じて各人に能《はたら》きかけていると解するからである。また、分霊である太陽の神や祖先の神、土地の神、水の神などを通じても能いてくれているのである。

キリスト教の天主も仏教の大日如来も、確かに尊い存在であるが、ホロス神のある一面の性格を示すに過ぎないから、「全一的」性格を持った「全神」、すなわち宇宙の根本神と呼ぶには足りないものがあると川面は説明する。「全神」は、一神、多神、汎神を含んだ複立体的なホログラムの全体を指していうのであり、ホログラフィックな多重構造の神的秩序の全体を根拠付けている神なのである。天主もアラーも大日如来も、この全一神の中に包摂される高貴な存在であるが、全一神そのものではない。

この全一神は、別の言葉で表現すれば、「中分本末不二一体の統一体」とも呼ばれる。中心とその分派、本体とその末端が一体となって躍動する複合的な、ホログラフィックな統一体なのである。山の神、水の神、家の神、土地の神、国の神、地球の神、月の神、太陽の神は、その統一体の中のごく一部の場において能いている神々にすぎない。

川面は、汎神、多神、一神が多重のミタマとして重層的にはたらく日本民族の「全一神」の構造を古事記などの古典を再解釈しながら明らかにしようとした。欧米列国も、その文化が進歩するにつれ、「幹としての一神」だけでなく、「枝としての多神」を信じるとともに、キリスト教以前に立ち返り、祖先の霊魂も祀るようになるだろうと予想した。

ダイナミックな円錐体

川面のホロスの神学にもっとも近いものを西洋の伝統に探すとすれば、プロティノスではないかと思われる。エジプト人のプロティノスは、三世紀のローマで活躍した新プラトン学派の創始者として知られているが、彼の認識した神のイメージは「源泉であるひとつの光から流出し、その源泉から離れるに従い劣化していく光の流れ」というものであった。

この光の一者から流出した力《ヌース》のはたらきによって万物が誕生したとプロティノスは説く。限定されることのない一者《かのもの》の流出ないし充溢を通じて、すべてのものが産み出され、ふたたび一者に帰一する。世界は無から「創造」されたのではなく、光の流出と帰一を通じて生成されているとプロティノスは考えた。神は、光の創造者ではなく、光の流出者あるいは充溢者なのである。

彼の説は、光の円錐体を想像してみるとわかりやすいだろう。円錐体の頂点、すなわちひとつの源泉から発した光は、頂点から離れるにしたがって弱くなり、劣化していく。円錐体の底面に届く弱い光は、頂点に耀く光の分身とみるなら、光の円錐体の全体は川面の言う全神、ホロス神に近くなる。

このモデルを使って川面の全神説を説明するなら、全神としてのアマノミナカヌシは、光の円錐体の無限に小さい頂点であると同時に、円錐体の全体でもある。光は、円錐体の頂点から伸張し、底面に届くと同時に、ふたたび収縮して頂点に帰一するダイナミックな動きを繰り返している（より厳密にいえば、収縮ではなく、放物線を無限に伸ばすと元の位置に戻るように、伸張したものがそのまま元に帰一すると川面は説明する）。しかも、その過程で裏の光から表の光に向かって発顕、充足し、ふたたび裏の光に帰入するという複立体的な動きを繰り返しているのである。

そのダイナミックな動きを、川面は「中分本末、旋回統一、按分平差、転換平衡」と形容した。中心と分派、本体と末梢が旋回しながら統一され、平等と差別に分かれたものがお互いに位相を転換しつつ、平衡状態を編み出している、ということである。この動的な平衡状態を、四文字で簡潔に表現したものが「顕幽一体」、「神人不二」なのである。川面は、西洋の二元論を超えた「一体論」、「不二論」の中身をこのように動的な平衡状態として捉えたのであった。

おそらく、川面に言わせるなら、プロティノスの説はまだ光の流出の過程の詳細な分析に欠け、発出と帰一の動的な関連分析が足りないと批判することであろう。また、セム族系宗教の唯一神の観念は、円錐体の静的な頂点を指すに過ぎず、伸張（遠心）と収縮（求心）を無限に繰り返している円錐体の躍動する全体像を見ていないと批判するに違いない。

ホログラフィックな投影構造の「全神」または「全一神」を基礎とする川面の世界教は、人類のみを救済するのではないという点に、もうひとつの特色がある。人間だけでなく、国土、自然をふくめた「天人万有」を「向上、発霊」させ、宇宙全体を本体神に同化、還元させていくことを最終目標としているのである。

近年、「自然との共生」なるものが主張されているが、川面に言わせるなら、これは人間中心の身勝手な言い分であると厳しく批判するだろう。自然に声があるなら、人間の都合を優先させるような「共生は御免だよ」と明言するにちがいない。

ホロスの神を基礎に置く世界教は、単に自然との共生を説くのではなく、自然、国土を含めた地球と宇宙全体の多重のミタマの霊的向上を目指すのである。その意味で単に平和共存する「共生」でなく、お互いを霊的に向上させあう「活かしあい」、「互拝」というべきであろう。日本人の伝統的な精神は、川面神学に即していえば、天地の恵みに感謝しつつ、天地において出会うすべての存在（ミタマ群）を尊重し拝みあうことを通じて、相互に活かし、霊化、向上させるところに、特質があると思われる。

しかし、彼の示した分析は神学的にはまだ完全なものに至ったとはいえない、と彼自身は告白している。宇宙の本体神の実体そのものや本体神の「超越と内在の関係」などはまだ十分解明されていないからであるという。この点は、人智と言語がさらに発達し、物理学、天文学など諸科学が発展すれば、解明に近づいていくだろうと後世に期待をつないだ。

キリスト意識を超えて

大正十四年（一九二四）三月、オーストラリアで「キリストの生まれかわり」と呼ばれていたフランク・ハイエットが来日し、川面を訪問したことがある。当時七十五歳のハイエットは、心霊治療の大家として有名で、世界各地を回って病気治しをしたり、死者を蘇生させたり、悩み事の心霊相談にあずかったりしていた。その模様は、世界の英字新聞に広く紹介されていた。心霊現象を研究していた英国の作家コナン・ドイルもハイエットの超能力には脱帽していたほどである。

当時の欧米では、心霊現象に対する関心が高く、物理学者のオリバー・ロッジやトーマス・エジソンといった著名人も心霊の実在を信奉していた。ビクトリア女王やナポレオン三世、ロシア皇帝アレクサンドルも霊媒師を呼び、しばしば降霊会を開催していたと伝えられる。降霊会で降りてきた霊は、机を動かしたり、ピアノを弾いたり、自動書記をさせたり、白い蛇のようなエクトプラズムとして写真に姿を現したりして、その度に人々を興奮と畏怖の渦に巻き込んでいた。

川面は、高名な霊能者のハイエットに会うなり、前世を透視し、「貴殿は、スバル星団の中の緑の星に生まれたことがある。当時、私も一緒に住んでいた」と伝えた。

これを聞いて、ハイエットは驚愕し、「実は、自分も、緑の星から下ったものであることを啓示によって知り、これこのとおり詩を書いている」といって、持参していたカバンの中より自作の詩を取り出した。

そこには、「我は、緑の星より下りたるもの、緑は、愛と自由の表象、われは愛と自由の幸福を人類に与える救い主である」と英文で書かれていた。「この緑の星はどこかと思っていたが、そうか、スバル星団にあったのか」とハイエットは喜んだ。
さらにまた、ハイエットの資産状況や身辺の人間関係のもつれなども的確に指摘したので、初対面のハイエットは川面の透視力に感服し、初めの気負った態度を改め、非常に謙虚な姿勢になったという。

会談において、ハイエットは「今のキリスト教会は、新教も旧教もみな堕落している。みな自分の利害にとらわれているが、これを救うには純粋な平等愛のキリスト意識に還らねばならない。仏教も神道も回教もこのキリスト意識に戻れば救われる」と熱心に説いた。これに対して川面はこう返答した。

「宇宙の根本本体としての神は唯一不二であるから、キリスト意識とか仏教意識、神道意識と呼ぶのは狭い表現であり、かえって反発と対立をよびかねない。むしろ、各宗派がそれぞれの意識を高め、さらに高度の平和なる宗教意識というものに統一せねばならない」
「宇宙の根本神は、いかなる名称で呼ばれても、その実は一であって、その根本神の名によって人類万有を救済、摂理ましますのである。これが日本における伝統的思想でやがて世界人類共通の思想たるべきものと思うが、貴殿も世界の一切の神を同化、統合した教えをのべられてはいかがか」

不意を撃たれたハイエットは、「いや、全くその通りだ。自分の説明は言葉足らずであったが、趣旨はお説の通りです」と答え、「キリスト意識」を超えた「平和な宗教意識」に諸国民がたちかえるべきことに賛同したと伝えられる。

クリストも　釈迦も孔子も人なれば　おなじ神より　出でましにけむ

川面のこの歌は、彼の万教帰一観を端的に示している。帰一する「おなじ神」とは、ホロス神としてのアマノミナカヌシにほかならない。キリスト教の天主も仏教の大日如来も尊い存在であるが、ホロス神としての全一的性格を持たず、ホロス神の一面を示すに過ぎないので、ホログラフィックな多重構造の神的宇宙秩序の全体を根拠付ける究極的な「神」と呼ぶにはふさわしくないという。

しかし、だからといって、キリスト教の天主やイスラムのアラー、仏教の大日如来などを排斥するのではない。それらの尊い存在は、ホロスの神の中に包摂されることによって、ますます輝きを増すのである。

「宇宙の大道」は、排他的な信仰であってはならず、信仰を異にする人でも、歩むことのできる広い道でなければならない。そうでなければ、人類全体を統一霊化することはできないだろうと川面は考えた。天国や浄土への「救済」を独占しようとする排他的な宗教では、最高神同士の対立が解けず、人類を統合しうる世界教となりえず、いつまでたっても世界に平和と安心はもたらされないことを彼は見抜いていた。

「真実に世界教といふものは・・他のものを寛容し、それを存在せしむるの雅量がなくてはならぬ。それでこそ、すべての神に通ずる大本体の神の御心を発揮したるものとなるとともに、これすなわち大本体の神の顕われなることを証明するものとなる」

今日に至るも解けないキリスト教とユダヤ教とイスラム教の根深い対立は、排他的な唯一神信仰の帰結ではないだろうか。セム族系宗教の各派は、イエス受難の地、ゴルゴタの丘に立つエルサレムの聖墳墓教会の管理をめぐっても、今もいがみ合い、ののしりあい、暴行を加えあっている。「人類救済」の歴史を独占しようとする宗教は、どうしても排他的に成りがちである。

宗教だけではない。ユダヤ教の救済史観を受け継いだマルクス主義の歴史観は、大正時代に日本社会に流入していたが、それは社会の分断と混乱と破壊をまねき、ひいては世界的規模の殺戮をもたらすのではないか、と川面は危惧していた。

マルクスは、歴史に「隷属からの救済」という観念を持ち込み、共産体制による救済を人類の最終段階の救済と位置付け、万国の労働者の決起を促したが、その救済神学が後世に計り知れない災厄と破壊をもたらしたことは、ソビエトや共産中国の歴史が如実に証明しているところである。

川面は、第一次世界大戦の動乱が続いていた頃、世界平和祭を提唱し、こう語ったことがある。

「世界各国に説いている神は、名は異なってもみな一つであるから、各国ともにその国語によって神の御名を唱え、その日を期して、その神を祭る平和祭を行うのだ。当日は、世界をあげて休業し、たとえ戦争中であってもその日に限り休戦するのだ」

これからの世界宗教や哲学は、世界人類を分裂させるようなものであってはならず、人類すべての行動を感化、同化し、「個人を教えては個人統一に導き、国家を教えては国家統一に導き、世界を教えては世界統一に導き、もって宇宙統一に帰入せしめるもの」でなければならない」と考えていた。

万教は帰一する

このように、世界の万教の神々は、神社神道はもちろんのこと、仏教、セム族系宗教も含めて、世界教のホロス神、全一神の枠内に統合され、その中に位置づけられる、と川面は構想した。

全一神の観念は、古事記など日本古典から発掘し、再構成したものであったが、それは古典が編集される以前のはるか昔から古代人のもっていた観念であり、いまも人類意識の最古層に潜んでいるものと川面は考えていた。

川面の万教帰一論は、大本教の出口王仁三郎など後に続いた神道家たちに多大な影響を及ぼした。もともと、日本人には、神の認識に関しては、古歌に歌われていたように相対主義の考えがあったから、神道家たちはこの帰一論に格別の違和感を持たなかったはずである。古歌には、次のように相対主義的認識論の立場がうたわれている。

分け登る　麓の道は異なれど　同じ高根の　月を見るかな

富士山に登る道はいくつかあり、なかには頂上に行きつく前に途絶えてしまう道もあるけれども、道を歩む人々は、富士山頂よりはるかに高い中天に点る同じ一つの月を思い思いに見ているのである。頂上に着いたからといって、月までの遠大な距離を考えれば、威張れるわけではない。富士山頂への登山路は、いずれも五十歩百歩といったところであろう。

だが、果たして、川面の万教帰一論は、西洋の神学者に受け入れられるであろうか。キリストを最高の唯一神と信じる人は、少なくとも今日の段階で、川面流の多神、汎神を内包するホログラフィックな神を受け入れないことは確かである。むしろ、汎神、多神を排斥し、唯一神の元に帰一せよ、そうでなければ「救済」されないと説くであろう。

「カミより出たる万有は、みなカミなり。ゆえに、本体のカミを拝むと同時にまた現象のカミを拝まなければならない」と川面は力説したが、果たして一神教の神学者は、「現象のカミ」という汎神観を受け入れるであろうか。それは、まず期待できないであろうと筆者は考える。百年後を想像しても、川面ほど楽観的になれないのである。

それは、信仰するカミの定義が文化間で決定的に異なっており、また数千年を経て各民族の文化体系と言語体系の中にしっかり定着してしまったカミの定義は容易に変化しそうもないと思われるからである。

川面が世界教の基礎として考えたカミは、一神にして多神、多神にして汎神というホログラフィックな投影構造をもつが、これを西洋の言語を用いて説明しようとすると、たちまち矛盾に逢着する。キリスト教のゴッド、デウスは、その定義上ひとつであり、多神ではありえず、また汎神を含みえないからである。

川面に指摘されるまでもなく、日本民族のカミは、キリスト教、イスラムなど一神教の超越神とまったく異なった観念である。ところが、今日、わが国においてはカミも超越神も、同じ「神」という記号で表現され、伝達されているのはどうしたわけであろうか。日本民族のカミは、仏教の「仏」とは、表記の上で一応区別されているのに、どうしてキリスト教の「ゴッド」とは区別して表現されなかったのだろうか。

戦前からキリスト教のゴッドは、「神」と翻訳され、「神」という漢字に仮託された日本のカミも、反対にゴッドと英訳されることがほとんどであったが、実は、この単純な翻訳の誤りから重大な文化誤解と認識の混乱が始まっていたのである。

それは、明治期に聖書を翻訳したキリスト教プロテスタントの宣教師に重大なミスがあったことによる。

わが国で最初に聖書を翻訳したのは、幕末に来日した米人宣教師のヘボンであった。かれは、ヘボン式ローマ字をわが国に伝えたが、一八七二年に聖書の翻訳をおこなったとき、プロテスタント訳の中国語聖書に倣って、Godを「神《しん》」と訳し、それを日本人の信者は旧来の訓みに従い「カミ」と読んだ。ヘボンの翻訳を手伝った日本人助手も、「神」の訳を異議なく受け入れたようである。

プロテスタント訳中国語聖書が、汎神的な色彩の濃い「神」を採用したとき、すでに大変な間違いを犯していたのである。

では、川面凡児は、カミの原意をどのように解したのであろうか。彼は、独自の霊感による言霊解釈を通じてカミはもと「クム」、「コム」なりと断じている。すなわち、カミは、隠れる、籠もるという原意をもち、凝り結び、組み合い、織り込むといった派生意を有すると解釈した。

川面の言霊解釈に従えば、籠もれるカミは、組み合い、織り込む性質を持つので、宇宙万有を組織し、構成し、調和させるはたらきがあるとされる。また、カミは「輝くみたま」でもあり、ミイヅを放ちつつ輝いている重層的なミタマの全体と部分がカミなのであるが、それは単に静止した状態で隠れているのではない。カミの姿は見えないけれども、螺旋状に高速旋回しつつ、表に出、裏にはいって、活発に遠心、求心の活動をつづけている。

カミは、今この瞬間も宇宙のミタマの中心《アマノミナカヌシ》より発顕しつつ、幾多の重層的なカミガミに凝り結び、カミガミとして織りこみ、組み合い、それぞれの場で主宰統一のはたらきを終えたあと再び中心《アマノミナカヌシ》のカミに帰入している。カミは、幽界だけでなく、顕幽両界を通じて、人間の眼には見えないが、このように絶え間なく旋回しつつ発顕し、充実し、帰一していると川面は解釈する。

第十一章　全一《ホロス》なるカミ

第十二章　カミと出会うには

どこまでも隠れ身のカミ

川面のカミの定義と対照的なのは、国学者の本居宣長の説である。

本居は、カミを定義して「何にまれ、尋常《よのつね》ならずすぐれたる徳《こと》のありて、かしこきもの」をカミと考えた。悪霊、善霊も人間も、鳥獣、木草、海山もすべてカミになりうるが、「畏れ多い」と思わせる偉大な力を発揮するものでなければカミの名に値しなかった。たとえて言えば、普通の狐はカミではないが、良かれ悪しかれ霊力のつよい狐だけがカミと考えた。

しかし、川面の定義では、すぐれた霊力を発揮するものでなくても、カミであった。「カミよりいづるものは、カミなり」、「客観すれば光、主観すれば霊魂、主客合観すればカミなり」と川面は表現する。

古事記に表現されたカミは、血も涙も糞尿も含め、汚い現象すらカミになりうる神聖な存在である。カミは本性的に「隠れ身」であるが、現象界に「写し身」として身を移し、姿を顕《うつ》している。カミは、眼に見えない形で現象界と潜象界を往復している両義的な存在である。

たとえて言えば、すべての川が海に帰るように、また蒸発した海水からすべての川が生じるように、すべてのものはカミに帰り、カミより生まれている。万物の原子も、分子も細胞も次々に交代し、新陳代謝し、カミに帰り、カミより生じている。宇宙も万有も、原子も分子も、カミより出でたものだから「すぐれたる徳」がなくてもカミといってさしつかえない。

こういう融通無碍なホロスの神は、やはり多義性を内包する片仮名の「カミ」で観念する以外になさそうである。デウス、ゴッド、法身仏、アラーの記号をもって、代替させるのは無理がありそうである。「アラーよりいづるものは、アラーなり」とは、イスラム教徒は決していわないであろう。川面の全神教説を普及させようとするなら、幽、輝、凝、組、織、籠の意を内包するホログラフィックな「カミ」または Kami を世界語にすることから始めなくてはなるまいと思う。

川面の説明から、カミは螺旋状に高速旋回しつつ、顕幽両界を通じて表に出、裏にはいって、活発に遠心、求心の活動をつづけて、幾多のカミガミに分泌し、醗酵し、万物を生成しているところの肉眼には見えない隠れた存在、すなわち「隠れ身」であるということは理解できたが、そうだとすると、我々は、次の難問に直面することになる。

ヒトは、どのようにしてカミを認識することができるのであろうか、という難問である。感性や知性を用いて認識しようとしても、隠れ身だから感性、知性の対象として限定的に把握されるのを拒む存在なのではないだろうか。感性と知性ではその片鱗しかとらえることができないのではないだろうか。

「そのとおり」と川面は応える。

カミは、隠れ身と言われるように、人間の五官（荒魂）による認識からは隠れている。しかし、人間の感性と知性（和魂）を用いれば、ある程度まで神の隠れ場を推認することができる。そして、霊性（直霊）を開発すれば、直に本体を「見たてまつることを得るなり」と断言するのである。

荒魂の目から見れば、「隠れ身」であるが、和魂の眼から視れば輪郭のはっきりしない「朧身《オボロミ》」と映り、直霊に照らして観れば明らかな「顕つ身《アキツミ》」と輝いた姿で認識することができるという。だから、カミを観るには、直霊を開発しなければならないと強調する。

だが、川面の言うように、かりに直霊を開発して、「顕つ身」のカミをまざまざと観ることができたとしても、まだその奥があるのではないか、という疑問がすぐ湧いてくる。

というのも、「カミ」は、その定義上、どこまでも奥のほうにまします隠れた存在、「隠れ身」だから、カミに近づけば近づくほど、ますます奥へ奥へと身を隠したまうのではないだろうか。身を隠しつづけることを通じてカミはその実存を示唆すると共に、奥へ奥へと深い次元に人を引きずりこんでいくのではないだろうか。

それは、譬えて言えば、片想いの恋によく似ているように思われる。片想いの相手は想えば想うほど奥に逃げていき、相手が奥に隠れるほどにますます片想いは募っていく。恋の極致は、片想いの「忍ぶ恋」であると喝破したのは、葉隠武士の山本常朝であったが、カムイに対する恋もまたどこまでも片想いなのである。それは、裏切られても、だまされても、燃え尽きるまでひたすら追いかけていく忍ぶ恋の道にちがいない。

追いかけられるカムイ（幽居）は、さらなる奥のほうに身を隠し続けることによって、カムイへのさらなる接近を誘惑するものであるとすれば、人は、一生を通じ、いや二生、三生さらに多生にわたってカムイとの接近ないし出合いを工夫し、探求し続けるしかないのであろう。

とすると、その出会いの工夫とは、一体どのようにすればよいのだろうか。

神人不二の境地へ

「私は、まだ神の実在を感得することができないのですが、どうすればよいでしょうか」

あるとき、このように川面に質問した人がいる。

だれしも抱くまっとうな質問である。万巻の宗教書を読み、東西の哲学を考究し、おぼろに神の輪郭をつかんだとしても、隠れ身の神の実存を、現存を感得できたわけではない。どうすればまざまざと身近に体感し体認することができるのだろうか。

川面はこう答えている。

「人間はじめ、この宇宙間のあらゆるものは皆その体内に宝珠を持っている。これは、根本魂たる直霊《なおひ》であって、神と同質のものである。それでどんな人でも、神を念《おも》い、——平素は念わなくても歓喜の絶頂、悲哀のどん底、生死のちまたに立てば必ず念う——この心の奥の奥の奥の直霊を透して神を拝するものである」

「人に貴賎賢愚、学不学の差別はあっても、この直霊を持たぬものはない。君も朝夕に拝神し、怠らずたゆまず、ふり魂をしておれば、自然、心の中なる直霊を開発して、太神を拝することができる」

心の奥にある直霊を通して神を拝するのだから、隠れている神と出会うには直霊を目覚めさせ解放しなければならないという。だが、一体どのようにすれば解放できるのであろうか。

川面によれば、人の直霊は、通常は幽閉された状態にあり、生き生きと活動していない。視覚や聴覚などの五官は、外界から飛び込んでくる感覚的な刺激に振り回され、心は湧き出る欲望にとらわれて変転し、身心は、こうして千路に乱れ統一からほど遠い状態にある。その上、霊障をもたらすマガツヒが周囲から襲いかかり、食い込んでくるため、放置しておくと直霊は幽閉状態に陥りがちになる。

したがって、直霊を覚醒させるには、まず閉ざされている身心霊を浄化し、統一することから始めなければならない。統一するというと、難しいように聞こえるが、「なにも難しいことではなく、まごころに立ち還り、瞑目して我はまごころの結晶体であると全身に力を入れて開眼すれば、そこに心肉が統一するのです」と川面は語っている。

川面の世界教によれば、その浄化統一の作法の基本は、祓いと禊ぎである。祓いは、表より見れば、神主の祈りとヌサさばきを通じて罪、穢れを祓いのぞくこと、裏より見れば宇宙万有の大本体である大直霊を身に受け、充実、膨張させることである。禊ぎ（水そぎ）は、水によって身心霊を浄化するとともに、新しい大直霊の霊《み》を注ぎいれることを意味している。

こうして、宇宙の大直霊を充実させると、次に拝神の祭儀において、さらにこれを集中的に練り上げ、統一霊化する作法を行い、神と人の合一を図る段取りとなる。神人合一による見神が、信仰の最終段階であると川面は考えている。

「神に近づき、神に合し、神に化し、神人合一の下においてこそ、初めて慰藉の何ものたるかを知り、平和の何ものたるを会得するものである」

「人は常に神と相離れ、相隔たり居ると思ふがゆえに、相近よりて合一せんことを望む。合一してみれば、本来同一のもので二つあるものでないことを自覚する」

ここで川面は、神人の「合一」という用語を使っているが、別の文章では、神と人は本来ひとつのものだから、実は「神人不二」というのが的確であると注意を促している。「合一」というと、離れている二つのものを一つに統合するという意味に誤解されやすいが、もともと一つのものの二つの側面をいうにすぎないから、「不二」というべきである。

「神人不二」は、神道各派に共通する基本教義のひとつであるが、神人不二の自覚を深める方法において流派の相違が生まれてくる。

たとえば、幕末期の岡山に登場した黒住講は、毎日いつも、ありがたい感謝の気持ちで朝の陽気を呼吸し、これを下腹に納め、天照大神とすでに一体であるという真理を自覚せよと説いた。生きながら神となることを指導した教祖の黒住宗忠は、こんな歌を詠んでいる。

天照らす　神と人とはへだてなく　すぐに神ぞと　思ふうれしさ

この「神人不二」の考えは、セム族系宗教の神観ときわめて対照的である。セム族系宗教では、創造主は超越的に人を造ったとされるから、当然「造るもの」と「造られるもの」には超え難い断絶が生じることになり、神人不二の思想は生まれてこない。

ユダヤ教には、始祖アダムとイブが神の命に逆らって生命の樹の実を食べたため、楽園から追放され、それ以来、創造神との超えることのできない断絶が生じてしまったという始祖の原罪観がある。人類は、原罪を背負った「罪の子」として生まれ、この世で代償として厳しい労働を余儀なくされている。罪の子が救われるには、超越神との仲介者あるいは預言者が介在しなければならない。

新約聖書は、この罪深い人類が救済されるには、歴史上のある時点で中東に一回限り、空前絶後のかたちで出現した救世主キリストの御手にゆだねる以外にないと強調する。イスラム教は、最後に登場した究極無二の預言者ムハンマドの教えによるアラーへの全託を通じてのみ、罪から救済されると説いている。

川面先生の書

天国への「救済」のはたらきを独占しようとするセム族系宗教の教義は、このように人類の原罪説と表裏一体となっている。それは、ただ一人の救世主または最高預言者の出現の「一回性」(einmaligkeit)という確信に支えられている。それを超える何者かが、のちの歴史に登場するとなると、罪からの根本的な救済の教義はたちまち色あせてしまうからである。

難あり、あり難し

これに対して、日本民族の原人はカミとして天下ったもので、したがってその子孫もカミであるという神聖観が基本にあると川面はいう。「カミの子はカミなり」日本古典の原人観は、混沌たる原宇宙に生じたイザナギ、イザナミの二神のはたらきによって、太陽神界の神、天照大神がうまれ、次に原人と万物が生じ、そして今現在も人類、万有は大神のお蔭を受けて活かされているとみている。人類とイザナギ、イザナミ大神に超えることのできない断絶はなく、祖先と生命の起源をたどっていくと、二神の霊的エネルギーに遡り、終局的には原宇宙を生みだした中心、遠心、求心の三神のはたらきに行き着くのである。

人は、本来的に罪の子ではなく、煩悩の身でもなく、光(霊駈り)の神から由来した尊い光の子である。「光の子」と「闇の子」が闘争するというマニ教風の二元論ではなく、すべての人が本来的に光の子なのである。ただ、自分本位の思いや行いによってけがれ、あるいは前世から受け継いだ自分の執着によって霊的な雲がかかり、このため本来の光の発露が妨げられているとみるのである。この意味で、川面は、キリスト教の説く原罪説に同意することはできなかった。

アダム・イブ　罪あればとて　後の世の　人の子孫に　何の罪ある

キリスト教のように仲介者イエスによってアダム・イブに由来する原罪からの救済を求めるまでもなく、仏教のように釈迦の修行にならって煩悩を滅尽させる必要もない。ただ身心霊を徹底的に祓い清めるとともに、光の子として生み出されてきた神の原恩に感謝しつづけることによって、光の子としての自覚を真に深め、周りに光を分け与えていけばよいわけである。このいわば光明思想に基づく人間観と修行法は、神道各派に共通する基本神学となっている。

川面は、その真理を別の言葉でこう語っている

「わが身をわが身と思うてはならない。神の延長の身である。祖先の延身である。したがって、神と祖先とを代表して働かねばならない」

古神道神学によれば、労働は、原罪を犯した代償としてやむなく行うのではなく、煩悩を

解消するための苦しい修行として行うのでもない。それは、光の子として、神と祖先を代表して、楽しく勤め上げる聖なる義務なのである。神からの委任《ヨサシ》によってそれぞれの職分を尽くすのであるから、労働はどんな仕事であってもすべて神聖な神業（かみわざ）なのである。

不条理とも思えるような計らいを含め、あらゆる神の計らいに対し徹底した感謝を捧げるという感謝神学は、祓い禊ぎの清浄神学と並んで、古神道教理の重要な要素となっている。禅宗の奨励する無念無想ではなく、徹底的な感謝の気持ちの内に心身を統一することによって、速やかに霊境を開拓することを求めているのである。原罪からの救いの祈りではなく、原恩への徹底した感謝の祈りを要請しているのである。

抽象表現を駆使することに慣れていない日本人は、「創造」といった抽象的な概念から、「創造神」や「被造物」、「終末」をイメージし、精密に言語表現することは極めて不得手である。西欧人は、「原罪」によって神から離れたのであれば、神の「救済」によって神に近付くことは不可能ではないと論理的に考えるであろう。ところが、日本人はそういう論理的な思考に習熟しておらず、日本語の文法そのものも、あるひとつの概念を論理的に発展させるにふさわしい構造を備えていないように思われる。

我々は、むしろ、具体的な親や祖先や太陽の慈愛から類推して最高神をイメージする思惟に慣れ親しんできた。親がムスコやムスメを産むはたらきや太陽が万物を育てる能き（ムスヒ）に着目して、その淵源を探り、その能きに感謝してきた。人は、本来、罪の子ではなく光の子であり、存在の根拠を与えてくれた光の源に感謝を捧げることによって存在の本質をますます輝かせるという「感謝神学」が、伝統的思惟ないし集合無意識として日本人の精神の深層に定着してきているように思われる。

罪の贖《あがな》いへの信仰によってのみ救われるという抽象的な「救済神学」を説くキリスト教が日本の土壌に根付かない理由のひとつはこのあたりにあるのではないだろうか。

裏返していえば、欧州文化の衣裳をまとったキリスト教が天国への「救済神学」を奥に引っ込め、日々の困難や災難も「恩寵」とみなし、天主の無限の「恩寵」に感謝し続ける日本風の「感謝神学」を前面に打ち出したときに、初めてキリスト教の土着化が成功したといえるのではないだろうか。

原罪からの解放というユダヤ民族以来の強迫観念を捨て、キリストの根源的な光に徹底感謝することを通じて、光の子としての輝きを増すという信仰を確立したときに、キリスト教の日本化が完成するのではないだろうか。そして、吐く息、吸う息を通じて、今も十字架からほとばしるキリストの血と一体化する行法を確立したとき、キリスト教の体内化が完成したといえるのではないであろうか。

祓い浄めを超えて

川面は、黒住宗忠、井上正鉄、芳村正秉《まさもち》など教派神道の開祖を尊敬し、その教義をよく研究していた。そして、神人不二の神学を近代言語を用いて構築し、いますでに「この身はカミなり、アキツカミなり」という自覚に立ちかえり、それを実際に具現化する「宇宙の大道」を教示したのであった。

宇宙の根本本体神であるアマノミナカヌシ太神は、始めなく終わりなく、顕現と帰入の作用を通じて宇宙と地球を統一、主宰すると共に、アマテラス大神はじめ神々を通じて毎瞬、毎瞬、霊光を注ぎ、守りつつ清めつつある。したがって、人類の務めとしては、その真理を一日も早く自覚して、み恵みに感謝し、いただいたみ光を世のため、人のためにお返ししていかねばならない。

その大直霊の力で浄められ、守られつつある実相を知らないでいるか、あるいは知っていても無視したときや忘れたときに、人はケガレ、ツミ、トガを犯すと川面は語る。

川面神学において、ケガレ、ツミ、トガとは、本体神と離れ、遠ざかることを意味していた。ケガレとは、根本的生命力である神気《ケ》の受け取りを拒絶し、ケが離《か》れ、その結果、身体の気が枯れることである。

川面によれば、ツミの原意は「突き出た霊《ミ》」の意味で、故意に他者を侵害し本体神に自ら離反する行いを指す。トガの原意は「止まれる気」であって、過失によって神から遠ざかる行いを意味している。故意によるツミまたは過失によるトガを犯せば、ヒトは自ずと神気が離《か》れ、それによって身気が枯れ、活性が低下しケガレていくのである。

神道のツミ観念は、人間存在そのものに本質的な罪悪性を見出すキリスト教の原罪の観念とまったく異なっている。人間は、罪の子ではなく、もともと光の子として根源の生命《ナオヒ》を与えられているが、その深い自覚に至らず、マガツヒなどのはたらきに負け、光りのカミから意識的または無意識的に離れ、遠ざかり、ツミまたはトガを積み重ねていく。その結果、気が枯れ、生命《ナオヒ》の健全な発動が妨げられ、運気がおちていく。

だから、本当に悔い改め、ケガレとツミ、トガを徹底的に祓いと禊ぎで清め、ナオヒを張れば、またもとのカミに帰ることができる。唯一の救世主に祈らなければ救われないという狭い信仰ではない。自らが今生であるいは前世でツミ、ケガレをつくったのであるから、みずから祓いと禊ぎによってまず清め、さらに神に近づき、神と化さなければならない。

神道でいうケガレは、生きている個人に限られない。由緒ある家系や古い土地、村落、会社、国家組織にも生じることがある。ツミ、トガを犯した人々のせいで子孫や組織体にもケガレが引き継がれ、災厄を被ることがある。怨念をかかえたまま死亡した武士、軍人のケガレがその土地に残存していることもある。いわゆるケガレ地である。

祓いと禊ぎによって、ケガレた個人はもとより土地や共同体ひいては世界と宇宙を清め、イヤシロ地と化し、さらに幽界も合わせ霊的に向上させていくことこそ、日本民族に与えられた世界的役割に他ならないと川面は考えていた。それは、すでに単純なアニミズム（精霊信仰）や多神信仰を超えた宗教的地平である。神道を素朴なアニミズムないし多神教に過ぎないと見る一部の学者の考えは、（民衆レベルの民俗神道を除き）明らかに間違っていると言わざるを得ない。

だが、ツミやケガレを祓い清めることは、宗教としての神道の本質ではないと川面は考えていた。ケガレを清めたり、悪霊、怨霊を祓ったりするシャーマン的な行為は、確かに神道儀式の中にあり、重要な位置を占めているが、それは神道の本質ではないと考えていた。

人生問題の解決や死後の平安を願う意識的な祈りも、宗教的行為ではあっても宗教の本質ではない。もちろん、近代論理によって構成された精緻な川面自身の神学も、宗教的思考ではあるが、宗教の根幹ではないとみていた。

政府への異議申し立て

彼は、宗教の本質は、神霊を信仰することよりもむしろ、「神人合一」(unio mystica)の宗教体験にあると考えた。ツミ、ケガレの祓い清めは、神人合一に至る準備行為の一つにすぎないのである。

「宗教とは、神人合一、神人不二の意義を表白したる祭祀的形式をいふ。わが国の祭祀は、神人合一である」

ところが、「神人合一」の宗教体験を重視する川面神学は、帝国政府のいわゆる国家神道路線と鋭く対立するものでもあった。神道から宗教性を剥ぎ取り、仏教徒やキリスト教徒も参加しうる国民統合のための共通の習俗、慣習にとどめておきたい帝国政府は、川面の思想が広まることを歓迎しなかった。内務省神社局は、管轄する神社神道に禊ぎを導入することには最後まで公式に賛成しなかった。

川面は、神道を非宗教的な祭祀とみる国家神道路線を痛烈に批判している。

「わが国の祭祀は、神人合一である。神社も神人合一である．されば、純乎たる真の宗教たるべきこと、もとより論をまたぬではないか。しかるに、神社は宗教でないと公言してはばからないもののあるは何事ぞ」

出版、講演活動を通じて川面の教説を普及させようとした古典考究会が、内務省の宗教政策を真正面から批判したことは、政財官界の要人が会員となっていただけに、内務省神社局にとっては愉快なことではなかった。川面は所有権についても考察し、動産は個人の所有とし、不動産は国有にすべきという見解を発表したが、それは、私有財産制度の変革を恐れた内務省警保局の歓迎するところではなかった。

川面は、社会主義と共産主義を非難したが、同時に「華族制度」を四民平等の精神に反するとして痛烈に批判した。

「今日の華族制度のごときは差別の粘着したるものなるが故に、その子孫のアホ、トンマとなるもの少なからず……・」

川面は、宮内省に対しても皇室の祭祀に関する三十三項目に及ぶ質問状を送り付け、宮内省を困らせたことがある。いずれも宮内省の役人には回答のできない神学的難題であった。その中に、こんな重大な質問がある。これらは、今日も放置されている、誰も答えようとしない質問であるが、次の章においてその回答を探ってみよう。。

「宮中の御祭は、宮中のみの祭にして、国民とはなんらの関係なきものに候や」
「天皇としてのスメラミコトとは、いかなる意味にこれあり候や」

「大嘗祭において奉斎される神はいかなる神にこれあり候や」
「三種の神器とは、三大神勅とは、いかに心得てよろしく候や」

第十三章　宮中の魂しずめ

宮居に祀る神々

皇居の吹上御苑に宮中三殿がある。中央に位置しているのが、皇祖天照大神をお祭りしている賢所である。左右の両殿よりやや大きく床も一尺ほど高い。

向かって左側に皇霊殿があり、神武天皇より昭和天皇に至るまで百二十五代の天皇、皇后、皇妃、皇親の御霊二千二百余柱が合祀されている。賢所の右側にあるのが、神殿（八神殿）と称されるもので、タカミムスヒ、カムミムスヒを含む八柱の神々と大直霊の神一柱が祭られている。

宮中の作法は、祭事に始まり、祭事に終わるとされるが、年頭の祭祀は一月一日早朝の四方拝に始まる。古式の衣冠束帯を着した天皇は、午前五時半に賢所の構内に赴き、白砂の上に敷かれた厚畳と真薦に座り、西南の方向伊勢神宮を遥拝し、次いで四方の天神地祇にひれ伏して礼を尽くされる。そのあと、午前五時四十分に賢所、ついで皇霊殿、神殿に赴き、恒例の拝礼を行うものとされている。

古代の天皇は、大晦日の晩から夜通し賢所に籠り、日の出とともに新年の新しい御霊を身に付け、霊力を増大させる魂ふりの神事を務めていたと、折口信夫は述べているが、時間がゆっくり流れていた古代と比べると多忙な現在はだいぶん簡略化されているのかもしれない。

宮中三殿での拝礼は、本来は毎朝行われるものであるが、ご公務が多端なため、現在は当直の侍従が潔斎の上、賢所、皇霊殿、神殿を順次代拝することになっている。

大祭司としての陛下は、さらに元始祭（一月三日）、祈年祭（二月十七日）においてその年の平安と収穫を祈り、神嘗祭（十月十七日）、新嘗祭（十一月二十三日）において秋の収穫を感謝する祭りを主宰する。天皇が即位後はじめて主宰する新嘗祭が、大嘗祭と呼ばれるものである。

宮中三殿

さらに、春分と秋分の日の皇霊祭や神武天皇祭（四月三日）においては祖霊に感謝をささげ、ご加護をお願いする。六月と十二月の末日の節折大祓《よおりおおはらい》においては、陛下の身を祓い清めるとともに顕幽両界の祓い清めを行う。そればかりでなく、毎月一日、十一日、二十一日と十日ごとに行われる旬祭も主宰するのである。掌典長以下に代行させることがなければ、神社神道の並みの神職よりも多忙な祭事日程である。

陛下の最大の任務は、このように伝統的な祭祀を通じて世の平安と浄化を祈ることであった。この世ばかりでなく、あの世の平安と浄化も祈り、顕界と霊界の調和を祈りの力によって促進することが、最大の御役目であった。いうまでもなく、天皇は、民族信仰の最高の司祭であり、民族霊界との最高の取次者であるが、川面の見解によれば、天皇は日本だけでなく、世界の天津日嗣であり宇宙における天津日嗣でもあると強調する。

天皇は、このように世界と宇宙の祭政不二の原理を体現されるお方であるから、国民と人類を一視同仁の家族とみなされる。したがって、庶民のような家庭生活《マイホーム》を持たず、親王が生まれても、我が家で育てず他家で養育させ一般の暮らしぶりを体験させるという慣習が続いていた。天皇は、本来は、父親として親王を抱いたり、共に遊んだりすることも許されない。孤独のうちにひたすら、祭政不二の行に励まれる存在なのである。

鏡を観る宮中神事

よく知られているように、宮中の賢所には、三種の神器の一つである宝鏡が納められている。天照大神が皇孫を地上に遣わされるに際し、鏡を手に持ってわが児に語ったという故事に基いている。

「吾が児よ、この宝鏡を視ること、まさに吾を視るがごとくすべし。ともに、床を同じくし、殿《おほとの》を共にして斎い《いは》の鏡となすべし」

「斎鏡斎穂の神勅」といわれるものであるが、歴代の天皇は、このはるか昔の天孫降臨の故事を想い起こし、賢所において宝鏡を御拝する作法をつづけてこられた。

なかでも、大嘗祭、新嘗祭前夜の神事は、川面によれば、神聖な鏡のなかに天の根源の御光を見出し、深い感謝を捧げつつ、その御光と一体になるという厳粛な行事である。

天皇はこの斎鏡において天照大神としての我が身と対面し、さらにその根拠であるイザナギ大神とその根源である天御中主太神とも対坐し、一体となる。それは、深夜においても、横臥して寝ることが許されず、衣冠束帯のまま端坐してひとり斎鏡に向きあい、神々と不二一体の身に変容するという厳粛で過酷な行事であると、川面は語る。

それは、深夜の闇の中で座布団のうえに端座し、宝鏡の神とじっと向き合い、斎《いつ》き、一体化することである。正座して連続的な魂ふり（soul activation）に沈潜される過程で「夢にあらず、現にあらず、幻にもあらざる境地」に達し、祖神と一体化される状態を指しているとの川面は神秘的な解釈を下している。

それは、すでに説明したが、透明な湖水に天空と山々が映し出されるように、湖水のような天津鏡を視るイメの境地である。昔の天皇はこのイメの境地を開発するため、皇太子時代から白川邸内の羽振《はふり》殿において魂ふりの行に沈潜する行を続けてきたという。天皇の行われる「斎鏡斎穂」の祭事とは、高度の霊覚を開発した天皇が天照大神と（そしてさらにイザナギ大神と天御中主太神と）一体化する行法であったのだ。その行事の本質は、新穀を捧げ、神とともにいただくことではなく、鏡と一体化して、霊境に到達することであると川面は語る。

「鎮魂裏におけるイメの境地は瞑目して振り魂しおれば、夢のごとき境に入るも現在と離るることなく、周囲における現在の境を明らかに認めおると同時に夢のごとき境をも認めおりて、幻でもなく歴然たる霊境を認め、その霊境において神と思ひ、神と行ひ得るのです。この境を称してイメと申すのです」

イメの境地において、天皇は、現在という時空に折り畳まれたはるかな過去の扉を開き、一瞬にして天孫降臨の光景と出合い、天照大神の御姿を拝するのである。陛下は、目前の宝鏡を視ると同時に次元を超えた天津鏡の霊境を観るというイメの境地―おそらくは八つの鳥居の七番目と八番目の鳥居に相当すると思われるが、この境地において、祖神と語り、祖神と思い、祖神とともに行うのである。それは、自意識を失った神がかり（憑依）でもなく、身体感覚の抜けた脱魂でもない。

銅鏡や黒曜石の鏡をじっと凝視していると、一種の変性意識状態に導かれるといわれるが、目前の宝鏡を視ると同時に時空を超えた天津鏡を観る、このイメの霊境において、祖神と出合うことが、（プラトンの口ぶりを真似れば）神道風の「想い起こし」（anamnesis）といってよいのではないだろうか。

新嘗祭、大嘗祭においては、天上より穀物の霊体を授けた「天孫の降臨」を想い起し、その「想い起こし」のなかで、祖神と出合い、祖神に新穀を捧げ、ともに召し上がるのである。カトリック教徒は、パンとぶどう酒をいただいて「最後の晩餐」を想い起し、キリストの血肉と一体化するが、陛下は新穀とお神酒を召し上がることによってさらに深く祖神を体内化される。

ここにおいて天皇は、神の身、神の心と一体に同化される。天津日嗣のスメラミコトは、この祭事によって神人不二のアキツミカミたることを再自覚し、アキツミカミの立場で日本国民ばかりでなく、「人類一般の生活を思ひ、世界と宇宙を経綸」されると川面は説いている。

天皇は「天津日嗣」とも称されるが、川面によれば、それは「天津霊嗣」という意味であり、即位を終えた皇太子殿下が深夜の大嘗祭において先帝の霊魂、いいかえれば天照大神の大御心を相続することを意味している。この大嘗祭の儀式において、天照大神はじめ神々の諸神霊が天皇の御心に宿りまし、天皇の御心が神々の御心に通うのであると川面は語る。外国の元首でこのような厳粛な深夜の祭式をへて就任する例は見当たらない。

皇室の神道は、このように独自の祭儀体系と身体作法と祈祷様式を持っている。それは、戦前も内務省の管轄外にあったもので、内務官僚によって習俗化された国家神道とは全く異なっていた。言うまでもなく、天照大神を祀る伊勢神宮の伊勢神道とも違っており、氏族の祖神を祀る社家神道や産土の神を信仰する民俗神道とも異なるものである。

他修と自修の魂ふり

それでは、天皇は主宰する祭儀においてどのように魂ふりを行われるのであろうか。大嘗祭、新嘗祭の前夜に行われる宮中の魂ふりの儀式には、他修と自修の二種類のものがあると川面は解説する。

他者による他修の魂ふりというのは、巫者が天皇のためにある種の言霊を唱えながら秘事の所作をおこない、それによって天皇の魂の威力を増すというものである。これは、かつて物部氏の祖であるウマシマジの命が、鏡、剣、玉、比礼《ひれ》の十種の神宝を用いて神武天皇のために魂ふりをされたのと同様の儀式で、今日では掌典長が国民を代表して担当している。

諸文献に記された式次第によると、昔の宮中タマフリ祭では、巫女が宇気槽《うけふね》と呼ばれる伏せた桶の上に起ち、矛に見立てた榊の枝で桶を衝く。一度衝くごとに、神祇伯が「ヒトフタミヨイツムユナナヤココノタリ」と唱えながら絹糸を十種の神宝を納めた箱に結びつける。

これを十回繰り返すが、これによって御簾内にまします天皇の魂の緒が遊離しないようしっかり結びつけ、さらに一から二へ、二から三へと天皇の魂が増殖し、活性化するようヒフミの祈りことばを捧げるのである。

この間、女官が天皇の御衣を入れた御衣箱《みそはこ》を左右にゆらゆらと揺り動かすが、この作法によって十種の神宝の霊力を御衣すなわち天皇に付着させていく。この魂ふりの祭りの間は、「アチメ、オウオウオウ」に始まる「魂ふり歌」が断続的に歌われ、天皇の霊力をさらに増殖させていく。すでに述べたように、「ふり」の原意は「殖り」であり、神霊の力を注ぎいれ、増殖させることを意味している。神祇伯の言霊や巫女らの所作によって、天皇の霊力がいや増していくのである。

神祇伯（現在は掌典長）以下が天皇のためにおこなう右の魂ふりに対し、もう一つの重要な魂ふりがある。それは、天皇みずからが修されるものである。その代表的な神事は、大嘗祭、新嘗祭の前夜において行われ、「神人感応道交」の境地に入られるという神秘的な祭事である。その内容については、畏れ多いとして川面は詳しく述べていないが、その一端を示唆する次のような文章がある。

「そのご鎮魂には、オキツ鏡、ヘツ鏡、ヒレの御儀のあるがごとく、伊吹、伊吸を初め、ユマワリ、キヨマワリの御儀等少なからざる秘事が伝来しおるのです。このユマワリ、キヨマワリといふ事は、天皇の御息が神にむかっていき、神の御息が天皇に向かってくる等の御行事です」（『憲法宮』）

ユマワリ、キヨマワリというのは、一般に沐浴斎戒することと解釈されてきたが、川面の説明から推測するに、何らかの呼吸法ないし身体作法と関連した天皇の霊的秘法が宮中に伝えられていたのであろう。

大嘗祭の前夜に行われる悠紀《ゆき》の祭りにおいて、天皇はこのユマワリ、キヨマワリの行を勤め、神界と御息の往来《ゆきき》、すなわち霊的な感応同交の状態に入られる。こうして御霊を浄化された天皇は、翌未明に行われる主基《すき》の祭りの最中に天照大神と神々の御心が次々に天皇の御魂にすすがれ、注がれていくという。

ここにおいて、スメラミコトは、はじめてアマツヒツギ（天津霊嗣）の祭政不二、顕幽一体の身と変容されるのである。

以上の他修、自修の魂鎮めは、伯家神道の説によれば、天の岩戸の前でおこなわれた神事を基本的に踏襲したものであるという。天の岩戸神話において、アメノウズメはオオヒルメが隠れた岩戸の前で神楽を舞ったが、それは大嘗祭、新嘗祭における桶の上での巫女の踊りに受け継がれている。舞と言霊の力によって、内にいるオオヒルメの魂を鼓舞し、活性化しようとしたのである。

と同時に、岩戸の中でオオヒルメは物忌みをしてみずから魂ふりの行に深く沈潜し、やがて輝かしい天照大神の神霊と一体になり、神々しい光を放たれるまでに御姿が変容した。だから、岩戸の隙間から差し出された鏡に映った自分の顔をみて、高貴な神がいると思わず錯覚したのであった。岩戸に隠れたオオヒルメは、岩戸の前の他修と岩戸の中の自修の、二つの魂鎮めによって、光り輝く天照大神に変容したのであると伯家神道は解釈する。

伯家神道によれば、天皇は、皇太子時代に十段階からなる修行法のうち八段階までを自修し、即位してのちに残る二段階の修法を積むこととされていた。天皇御自身がどのような形の魂ふりを修していたのか、その作法の詳細は不明であるが、川面は天皇ご自身の行じる魂ふりを祖神垂示の「直系の魂鎮め」と呼び、川面の提唱した一般向けの魂ふり行法をそれから派生した「傍系の魂鎮め」と位置付けている。傍系の魂ふり法は、川面流以外にも、いくつかある。

フルべの神業《かみわざ》

平成の今日、天皇と皇太子がご自身でどのように魂ふりを修しておられるのか、筆者は不明にして知らない。毎年六月、十二月の節折(よお)りの祭事においても、陛下は魂ふりの行事をおこなうと川面は記述しているが、どのような行法かは、畏れ多いとして語っていない。

しかし、それを推測させるものがある。明治になって復興された物部系の魂ふりで、石上神宮に伝承されてきた「フルべの神業」といわれるものが、天皇または皇太子の修行されてきた魂ふり行法に近いように思われる。物部系の魂鎮めは、宮中の伯家神道の中に吸収され、枢要な位置を占めていたからである。

石上神宮に伝わる「フルべの神業」によれば、行者は、両足の裏をあわせる「楽座」の形で床の上に座る。そして、鏡、剣、玉、比礼《ひれ》からなる十種の神宝を思念し、「ヒフミヨイムナヤココノタリ」と唱えながら、深い呼吸に合わせ上半身を左、右、前、後、中の順にゆったり振るという作法を行う。

このとき、尾骨を中心として左右、前後に、細い8の字を描きながら体は揺れ動く。両掌は組み合わせ、体の動きに沿って旋回させていく。このやり方は、長く途絶えていたが、明治になって石上神宮の神官により再興されたものである。

フランスの宗教学者ジャン・エルベールは、この石上神宮の魂ふりに注目し、その著書『神道―日本の源泉』の中で紹介している。この行法は、戦後に神社本庁で神職の自修鎮魂法として採用され、鉄砲洲稲荷神社など熱心な神社において今も行じられている。鹿島神宮には、これとよく似た作法があり、それは、楽座で座り、尾骨を中心に、逆円錐形で上半身をゆっくり回転させるというものである。

おそらく、これらの旋回動作によって十種の神宝の霊力を招き寄せ、それを丹田において練りこみ、身心霊を統一し、増幅、活性化させることを目指しているものと思われる。それは、宇宙の振動と同調し、宇宙の気エネルギーを吸収するための儀式なのであろう。

神宝の剣は身体を、玉は魂体を、鏡は霊体を表徴し、振動する比礼《ひれ》と呼ばれる布切れは宇宙から旋回しつつ降り注ぐ稜威《みいづ》を意味しているのかもしれない。稜威《みいづ》をいただきながら、身体と魂体と霊体を螺旋的に統一していくことが、「ふるべの神業」の奥義ではなかったか、と想像される。

足の裏を合わせる「楽座」は、不安定な座り方であるが、足の裏を合わせることによって、右半身と左半身の気の流れのバランスが回復され、整えられていくのが感じられる。そして、上半身を揺らせると、股関節が柔軟になり、尾骨が床に当たり、尾骨につながる仙骨が刺激を受けるのがよくわかる。これによって、尾骨と仙骨に照応するムラダーラとスワディスターナの両チャクラを活性化し、言霊の作用と相まって精妙な神気《プラーナ》を受容していくのではないだろうか。

この楽座の座法は、ヨガにおいてパドラ・アーサナと名付けられており、それは「幸福の体位」という意味である。幸福な心境にゆったりと浸っているものが、自然にとる座法だからであろうか。

実際に楽座の姿勢をとってみると、骨盤が少し後ろに倒れ、下腹が張り出してくる。そうすると、大量の息が楽に吸い込めるようになり、下腹に力を入れながら息を長く吐き出すことも容易となる。正座や結跏趺坐に比べても、流れ込む息の量は多くなりそうである。

楽座の姿勢で座る雅楽や尺八の奏者は、骨盤を少し後ろに倒して大量の息を瞬時に吸う「密息」という呼吸法を採用しているが、密息は本来、楽座の姿勢とともに生れたのではなかったろうか。

楽座は、息を静かに長く吐き出しながら行う瞑想にも適した座り方のように思われる。下腹を張り出し、丹田に力を込めてゆったりと呼吸することが自然にできる座り方である。楽座による魂ふりに沈潜していくと、次第に自他の区別のない神秘的な恍惚状態――オヌ(麻酔)と呼ばれる神境に導かれるといわれるが、古代のスメラミコトや神官も楽座の瞑想に浸る修行を続けていたのではないだろうか。

古事記によれば、イザナギは左から右回り(時計方向)に柱を回り、イザナミは右から左回り(反時計方向)に柱を回ったことによって宇宙の秩序を回復し、万物を正常に生成しはじめたという。禊ぎをおこなったイザナギは水を表象し、火で焼け死んだイザナミは火を表象すると解くなら、水は上からみて右回りに脊柱を降り、火は上からみて左回りに脊柱を昇っていく。古代のスメラミコトは、静かな呼吸にあわせて、水と火の二重螺旋の旋回瞑想に集

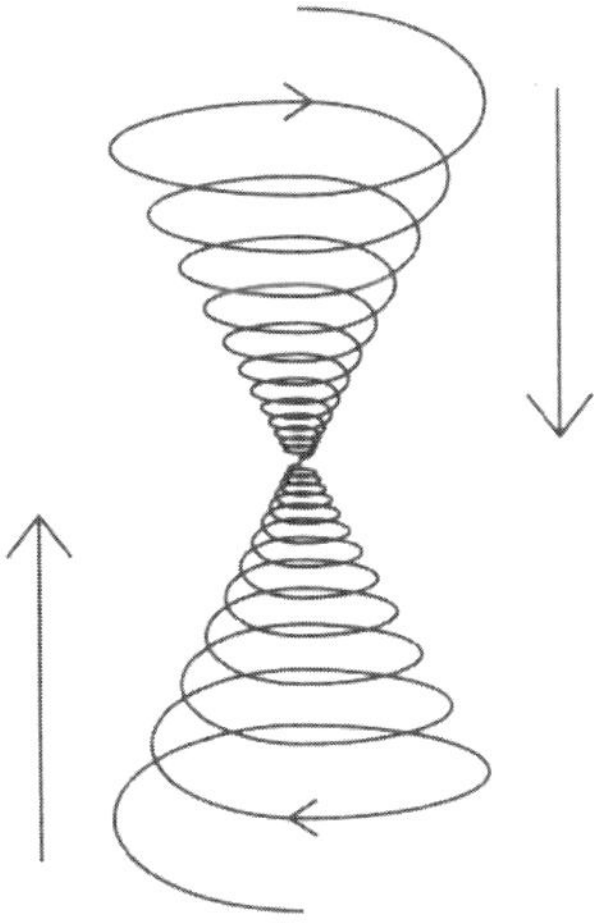

右旋と左旋のエネルギー

中する修行を行っていたのではないだろうか。

水と火の絶え間ない旋回運動と相互作用によって、宇宙はその動的な平衡秩序を維持しているのかもしれない。小宇宙である我々の身体も遺伝子も、目には見えないが片時も休まず続けられているユマワリ、キヨマワリの螺旋運動によって豊かな生命力を補給されているのかもしれない。我々は、この大いなる宇宙の二重の旋回運動《アシカビヒコヂ》にただ静かに身を委ねていけばよいのではあるまいか。

断絶したハフリの神事

代々、天皇と皇太子の行う祭儀と魂ふりを管掌していたのは、伯家神道の白川家であった。伯家神道は、花山天皇の孫に当たる延信王が十一世紀の半ばに宮中祭祀を司る神祇伯に任ぜられたことに伴い、「白川神祇伯王家」を名乗ったことに始まる。

伯家神道は、物部氏、猿女氏、中臣氏、忌部氏などが伝えてきた諸種の古代祭式を取り込み統合したものである。物部氏(石上)からは魂ふりの手振りを吸収し、猿女氏からは宇気槽《うけふね》の舞を、中臣氏からは祓詞《はらいことば》を、忌部氏からは幣祓いなどを継承した。

平安時代に大陸から仏教、道教、儒教など新思想が大規模に流入し、伝統的な古神道の秘儀が埋没するおそれが生じたので、各氏族の伝承してきた祭儀と秘法をこのように集大成し、伯家神道として整理したのである。

ところが、天皇家の伯家神道は、室町時代以降次第に影が薄くなる。室町時代に台頭した吉田家が政治力を駆使して神職の免許状発行の権限をほぼ独占したため隅に追いやられ、その後江戸時代に入っても、皇室の権威の復活を恐れた江戸幕府にも歓迎されず、神社界における影響力を次第に失っていった。

明治の王政復古によって、往時の勢いを取り戻すかに見えたが、開明派の指導者たちは、明治五年に神祇官制度を廃止し、白川家から神祇管掌の役目を剥奪してしまった。強硬に攘夷と公武合体を唱えた孝明天皇のように、天皇が霊性を開発して独自の意見を主張するような事態を恐れたのかもしれない。

神祇官制度の廃止に伴い、白川家はその代償として子爵の地位を与えられたものの、宮中祭祀を司る任務と天皇、皇太子に霊性開発の秘法を伝授する任務をすべて失ってしまった。それまでは、白川神祇伯の主な役目は、天皇の代理《みてしろ》として、古代祭式にのっとり御幣《みてぐら》を捧げて天津神、国津神を奉ること、そして、天皇と皇太子の霊性を開発することであった。皇太子時代に八段階、天皇に即位してから二段階、あわせて十段階の手振り（霊性顕現作法）を伝授し、指導することが、最も重要な任務とされていた。

幕末までは、代々の皇太子には、白川家邸内に置かれた八神殿付属の祝殿《はふりでん》という道場において、神霊の実在を感得する祝《はふり》神事の八段階にわたる秘法を授けていたようである。

明治五年に、白川家の邸内にあった八神殿は神祇官の廃止に伴い宮中に遷宮されたが、その付属の修行道場であった祝《はふり》殿はなぜか宮中に遷されずそのまま邸内に放置されたため、十段階の「祝《はふり》神事」は、明治五年まで伯家神道を学んだ明治天皇を最後として、それ以降皇室に継承されずに埋もれてしまったものとみられる。

ハフリは、どういう意味であったろうか。語源大辞典(小学館)の一説によると、ハフリは「羽振り」という意味で、羽は袖《はで》を指しているという。袖をふって神を楽しませることがハフリの本来の意味であったようだ。

たしかに、天皇のための魂鎮めの儀式において、巫女たちは白衣の袖をひるがえしつつ、宇気槽《うけふね》を衝き、御衣箱《みそはこ》をゆらかすのであり、幽暗の灯火のもとで行われるこの優雅な「袖振り」の所作は、伯家神道の特色のひとつといえるものであった。

だが、ハフリにはもう一つの重大な意味が隠されているように思われる。古語の「フリ」は、ある力の「降り」、「触り」、「殖り」を意味していた。とすると、ハフリとは、ご神霊の力の端《は》を降ろし、触りつけ、体内で殖やし、活性化することと解釈することもできる。一連の集中的な修行を通じて天照大神のご分霊をしっかり身につけ、それを体内に充実、充満させ、身心霊を統一、活性化することが「はふり」の本来の意味ではなかったろうか。

川面によれば、ハフリとは、「はねふり」の意味で、「全身の霊魂を鳥の羽ばたきして立ち舞うがごとく、霊魂を振動する」ことであるという。霊魂を振動して、内に直霊を張り、外に禍津毘《まがつひ》を祓うことであり、これが「魂ふり」の真の意味であると考えていた。

天皇は、はふり殿においてある「魂ふり」の所作を猛烈に行われ、それを通じて国土に、世界にさらに宇宙にまで直霊を振動、伝播されるのである。どのような所作をされるのか、その具体的内容については畏れ多いとして語っていない。

伯家神道は、袖を振る優雅な舞のほかに、ある言霊の連続発声や規則的な身ぶり、手振りによる霊性の充実強化を重視するところにもう一つの特徴があるように思われる。言霊としては、「トホカミエミタメ」の祓いやヒフミ祝詞、禊祓祝詞、大祓祝詞を用いて身心霊を浄化統一する作法を中核に据えていた。十段階に及ぶ言霊と手振りの作法が具体的にどのようなものであったか、昭和期に白川伯王家が断絶してしまったためその全体像は分からなくなってしまった。

川面凡児は、宮中で催される祭事や修法についてもよく知っていたようだが、そのことをうかがわせる故事が残されている。それは大正元年十月のことであった。伯家神道を継承していた第三十二代白川資訓《すけくに》子爵が川面凡児のもとを訪ね、祭事について意見を交わしたのである。

前月の九月に明治天皇の御大葬が行われたばかりで、また翌年の秋には大正天皇の大嘗祭が挙行されることになっていたから、おそらく、天皇ご自身の魂鎮めや大嘗祭における悠紀《ゆき》殿、主基《すき》殿の祭儀についても意見交換したものと思われる。

伝記によれば、会談の後、白川子爵は「川面は実におかしなことに、宮中以外に知られぬことまで知っておる」と不思議そうに語っているが、どのような会談が交わされたかについて伝記は何も触れていない。おそらく、宮中以外に知るはずのない伯家神道の秘事について川面は知悉していたのであろう。

第十四章　宇宙意識の我へ

多重のヒモロギとイワサカ

神祇官白川家は、代々その邸内で皇霊殿と神殿を管理し、天皇の代理として祭事を執り行っていたが、明治五年に神祇官制度が廃止されたため、この二殿は新たに宮中に造営され、歴代の皇霊と九柱の神々は宮中に遷し奉られることになった。

この頃から、この二殿における祭祀も賢所の祭祀と合わせ、天皇自らが祭主を務められることになる。明治政府は祭政一致の理念に基づき神祇官による祭事の代行を廃し、「天皇親祭」の制度を採用したのであるが、天皇にとっては、政務に加えて大変なご負担が加わることになった。

今日も、朝の祭事において、賢所での宝鏡御拝の神事を終えた天皇は、皇霊殿に赴き、祖霊二千二百余柱の御霊を慰め、ご加護に感謝を捧げたあと、右手の神殿に向かう。神殿に祀られている九柱の神々に感謝を捧げ、国民と人類万有の平安と発展を祈られるのである。

これら三つの宮――賢所、皇霊殿と神殿の構造は、一つの共通する神勅に基づいて仕組まれていると川面凡児は説明する。「神籬《ひもろぎ》磐境《いはさか》の神勅」といわれるものである。古事記において、次のように記されている。

「吾は天津神籬《ひもろぎ》と天津磐境《いはさか》を起こし立て、まさに皇孫のため斎きまつるぞ。汝アメノコヤネの命、アメノフトタマの命、よろしく天津神籬《ひもろぎ》を持ちて、葦原の中つ国に降り、皇孫のために斎きまつるべし」

川面の解釈によると、神籬《ひもろぎ》は、ヒコモルの意味、すなわち「神霊の宿り籠りて神留まります」の意味で、祭事においては幣と麻を付け、神々の寄り代とした真榊がそれにあたる。磐境《いはさか》は、祝う境、すなわち神霊が拡大、増殖して栄える境界、場所を意味し、祭事においては、真榊を据える基礎の木組み、岩組みまたは土器群に表象されている。右の神勅に基づいて、アメノコヤネの子孫の中臣（藤原）氏とアメノフトタマの子孫忌部氏が朝廷の神事を司るようになったとされる。

屋内で行われる朝廷の神事においては、寄り代としての真榊とその下に神霊の増殖、発動する場所としての木組みの台が祭壇に安置されている。ヒモロギとイワ（ハ）サカの組み合わせであるが、それは屋外でも同様である。

例えば、ニニギノミコトが降臨されたと伝えられる霧島神宮の奥の宮を訪ねると、一本の大木が岩垣の中に立っているものが御神体の表徴とされているが、これは原初の形のヒモロギ・イワサカの組み合わせを今に伝えている。また、伊勢地方にある古社群の床下には、真榊の周りを素焼きの盃群で囲んだものが拝見され、これを中心として神迎えと神送りの神事を今も行っている。

神学的にいえば、いずれも、ヒモロギに宿りました神霊が、イワサカの場所において発展、拡大し、こうして神霊と場所の一体となった姿を表象したものなのである。

霧島神宮奥宮のヒモロギとイワサカ

これに関連して言えば、わが国の生け花も、このヒモロギ・イワサカの古代思想から派生してきたもののように思われる。室町時代の生け花は、銅器の中にほとんど垂直に立ちあがった姿が正統とされていたが、それはまるで凛とした姿勢で宇宙の霊《ひ》を吸収しているかのように見える。垂直の花木に宿った大宇宙のミイヅは、花木を支える花器において現実化し、その力を発揚し完成させるのである。生け花を飾る床の間は、神霊の宿りまし、部屋全体にその力をみなぎらせる祭壇に他ならない。

また、同じように、一条の糸を引いて茶器に注がれる熱い湯水は、ヒモロギの降臨する姿を表象していると見ることができる。ヒモロギは、茶箋によって螺旋状に練りこまれ、抹茶の中に溶け込んでいく。茶席の客人は、恭しく茶器を額に掲げたあと、抹茶に込められた大宇宙のヒモロギを口に注ぎこみ、心いくまで堪能する。このときたちどころに、客人は、ヒモロギを体現する神聖なイワサカと変貌するのである。

正月の門松も新年の御神霊がヒモログ寄り代であり、家々の土地屋敷は門松を通じてヒモロギの充溢するイワサカと変容する。丹精をこめて作られる松の盆栽も、寄り代としての松の木の縮小版とみてよいであろう。伊勢神宮の杉の巨木も那智の大滝も、神学的に言えば、宇宙のミイヅを媒介するヒモロギなのである。おそらく、北欧発祥のクリスマスツリーの樅の木も古代には同じヒモロギの意味があったはずである。

川面理論によれば、大宇宙の中心霊が分霊、分身となって分派し、多様な現象と顕われた、その真理を表徴したものがヒモロギ・イワサカなのである。見えない力が相互に躍動している顕幽一体、祭政不二の宇宙的真理を表徴したものが、ヒモロギ・イワサカの組み合わせなのである。

右のヒモロギ・イワサカの神勅に基づき、古来、神霊を祀る場合は必ずヒモロギとイワサカの組み合わせ形式によることとされてきた。賢所、皇霊殿、神殿の三宮においても、形式は異なってもみな天津ヒモロギと天津イワサカの形を多重に備えていると川面はいう。

例えば、賢所において、宝鏡を神霊の籠るヒモロギとすれば、宝鏡を支える組み台は神霊が力を発動する現実世界のイワサカを意味する。祭司たる陛下をヒモロギと見立てれば、賢所と宮中、ひいては日本の国土と地球が神霊の発動するイワサカとなり、天皇は祭儀を通じて日本と地球に神霊の力をみなぎらせるのである。

目を転じて、山頂のイワクラをヒモロギとみるなら、山はイワサカとなり、高山をヒモロギとみるなら、麓の人里は山の神霊の発動するイワサカにほかならない。太陽をヒモロギとみるなら、太陽系宇宙はイワサカとなり、銀河を神霊の宿るヒモロギとみるなら、銀河系宇宙がイワサカとなる。宇宙はこのように多重のヒモロギとイワサカの入れ子構造よりなっている。

ヒモロギ・イワサカの思想は、第八章で説明した川面の宇宙多重ミタマ論と照応している。宇宙は、幾重にも重なり合ったミタマ群より構成され、それぞれがヒモロギ、イワサカとして境界を変えつつ共鳴し合い、毎瞬毎瞬、新たな動的秩序を生成しつつあるのである。

我と場所は一体

さらにまた、我を神霊の宿るヒモロギとすれば、そのイワサカは我の立つ場所（境界）であると、川面は独自の存在神学を展開する。我と場所の一体性、すなわち「心境一体」の真理を示したものがヒモロギ・イワサカの神勅なのであるという。

「我を知るには場所を知らねばならない。・・・同時に場所を知るには我を認めねばならない。我と場所としての境とは、不二一体にして離れざるものなる」（『憲法宮』）

我を知ろうとすれば、我の立つ場所を知らなければならず、場所を知ろうとすれば場所に立つ我を知らなければならない。我はそれ自身において自立した自由な存在ではなく、我の住む場所によってその発顕が制約されているから、立脚する場所を知らなければならない。しかし、場所もまたそれ自体において独立したものではなく、我の意識によって左右されるものである。

したがって、「個人の我」から「日本の我」へ、「地球の我」から「宇宙の我」へと我の意識が向上するにつれ、我の場所（境界）もより高度なものへ転化し、より高い心境一体の境地に誘導されると説いている。我も場所も、今ここにおいて、低次元から高次元のものまで多重に折り畳まれ、織り込まれているのである。

この考えを神話的思惟に置き換えてみると、多重の場所《フィールド》または境界《トポス》は、カミないしミコトという神名で表現されることになる。豊富な霊光を注ぐ太陽神界の場は、天照大神という神名に表象され、静かな夜中に甘露のしずくを垂らす月神界の場は月読命と記号化される。

人間界の想念場の神名記号は、さしずめ、さまざまな思考と計略をめぐらせる八意思兼《やごころおもいかね》の命ということになろうか。八意思兼の命は、さまざまな想念を自在に操る神である。天の岩戸に隠れた天照大神のご登場を願うため知恵をはたらかせた神として記憶されている。

そして、高次の場から低次の場へのエネルギー変換は、タカミムスヒ（放出、遠心）とカムミムスヒ（吸収、求心）の無限の相互作用によって生じている。方向性をもったムスヒの放出と吸収を通じて、さまざまな場の力が生じるのである。

これら多重の神界の場と人間界の場を統合する根源の統合場は、天御中主太神という神名で記号化され、その本性は、二つのムスヒを産み出す巨大なエネルギーの源泉であり、中心場であるということになる。

量子力学を援用することが許されるなら、天御中主太神はゼロポイントの量子場であって、量子エネルギー（ムスヒ）の放出と吸収を通じて宇宙の物質を産み出すとともに、あらゆる物質と量子共鳴しているのである。あらゆる存在は、ゼロポイント・フィールドとしての天御中主太神と時空を超えてつながっているのである。

これを三次元図象に還元して示すなら、次図に示す二つの漏斗《じょうご》(cone)の接点がゼロポイント・フィールドとなるだろう。ゼロポイント・フィールドとしての天御中主太神は、ムスヒの遠心と求心の旋回運動を通じて、多重の場を無数に産み出すとともに、産み出された多重の場は再び天御中主太神に帰一しているのである。ゼロポイントから放出された螺旋運動は、そのまま吸収の螺旋運動となって、ゼロポイントに帰着する。

物質は意識と不可分の表裏一体のミタマであるから、物質の場も神の場のひとつということ

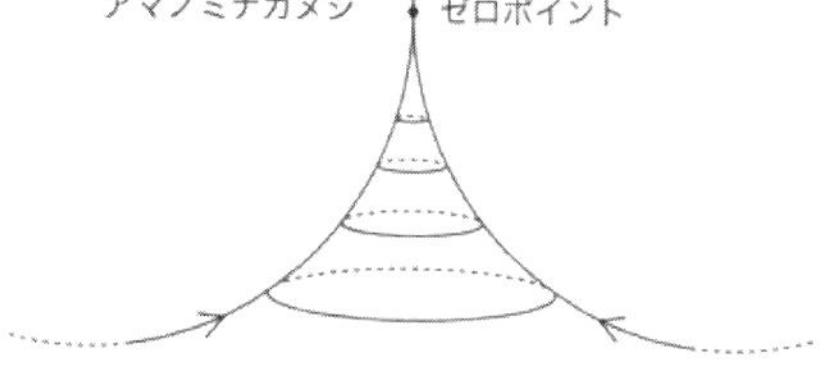

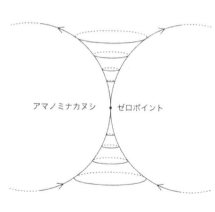

アマノミナカヌシは零ポイント

ができる。天御中主太神という中心場は、ホログラフィックな投影構造をした統合場でもあって、物質の場を含め多くの神々の場をその中に包摂し、神々の多重に織りたたまれた場にダイナミックな平衡秩序を与えつづけている。

「天御中主太神をもって宇宙のいかなるものかを解明したのは、古今往来、自分が初めてである」と川面凡児は自負したが、場所《フィールド》という概念に置き換えてみるとその意味が多少分かってくるように思われる。

「場所」というのは、哲学者の西田幾多郎が発明した専門用語であったが、おそらくそれを川面は、イワサカの現象界に適用して説明しようとしたものと思われる。

西田の「場所の論理」は、個人という意識的自我を成立させている根源的な場所を「絶対無」と名付けた。その絶対無の場所においては、自他は差異を失い、主客は合一しており、絶対無の場所を根拠としてそこから派生した低次の場所において自他の意識や主観客観の判断が生まれると考えた。西田は、絶対無の場所に自ら参入しようとして禅の瞑想に打ち込んだ。

しかし、川面に言わせるなら、絶対無の場所に入ったとき人間としての存在性をなくすから、人間は絶対無の場所には到達できないだろう、であるなら、人間としての身体性を持つ限り、絶対無に至る前の多重の場所（境界）をより高度に開発していくのが賢明と考えた。八段階の鳥居を一つずつ潜り、「個人の我」から「日本の我」へ、「地球意識の我」から「宇宙意識の我」へと、より高次元のヒモロギ・イワサカを順を追って昇り行くべきなのである。

その最高の模範は、いうまでもなく天皇陛下である。

天皇陛下は、段階的に魂鎮めの修行を積んでいく過程で、次第に日本の我から地球の我、宇宙の我へと高い境涯に進みいくのであるが、この道程は賢所の右手にある神殿に祀られる九柱の神々に表象されているという。神殿には、カムミムスヒ、タカミムスヒなど八神と大直霊の神が祭られているが、これらの神々は天皇のみずから行う魂ふりの開発の九段階を示したものでもあるという。

川面によれば、天皇はこのようにして宇宙原理の祭政不二を達成するお方であり、そのため「分派」たる臣下から魂ふりの奉仕《まつりごと》を受けるとともに、「中心」の御自ら魂ふりを修し、高い霊境を開発し、その徳を世界人類と宇宙に還元するはずのお方である。

天皇は、臣下の行う政と祭のマツリゴトを受け入れるとともに、自ら神明に奉仕する厳粛なマツリゴトを行い、動的に宇宙のミイヅと交信し、過去、未来と対話する偉大な祭祀王にほかならない。

川面は、ヒモロギ・イワサカという古代の呪術とみられていたものを我・場所の論理に変換して、天皇の本質を明らかにしようとした。天皇が手に掲げる笏をヒモロギとするなら、天皇はヒモロギに宿った宇宙のミイヅを体現し現実化する場所としてのイワサカである。天皇御自身をヒモロギとみるなら、世界と宇宙は、ヒモロギの御心を展開していく場所となる。

天皇は、祭事において、みずから魂鎮めを修し、我と場所の一体となった境界、言いかえれば祭政不二の境地を開発する任務を背負った尊いお方である。その意味で、世界と宇宙の顕幽両界に対し、生前も死後も無限の責任を負いつづけていくのである。

天皇は、我を見つつ、同時に日本と世界を透視し、人類の生活を想い、世界の調和ある発展を祈るという重大な責務を帯びている。日本国民も、及ばずながら、それぞれアキツカミとして、天皇を見習い、信仰を確立し、魂ふりを行い、大御心を体して日本と人類の平和な発展のために粉骨砕身しなければならない、と説いた。そのために命を捧げることを惜しむな、と激励した。

二つなきいのちは　　独り世のために　捨つべきものぞ　ますらをの友

祭政不二の原理とは

では、天皇神学を確立したとされる川面凡児は、天皇の政事と祭事について、どのような見解を持っていたのであろうか。

川面によれば、マツリとは「神と人の相待ち相集まる」の意味で、「天皇と神々と、人と神との相待ち、相集まりて一心同体となる」ということである。その「祭りの心の顕はれて凝結したものを政」というのである。

真の政事は、祭事の心にしっかりと裏付けられていなければならない。したがって、臣下は、祭事を怠らず、祭事によって祓い清められた身心をもって政事に携わらなければならない。そして、政事を総攬する天皇は、祭事を奉仕するとき神々と一心同体となり、「祭政不二」の原理を一身に体現するのである。

天皇には、「祭事の天皇」ばかりでなく、「政事の天皇」という二つの御顔がある。表裏観を適用するならば、「裏の天皇」と「表の天皇」と言いかえてよい。天皇は、この裏表、祭政の二つの天皇の合体したお方であって、この意味で、宇宙全体の「祭政不二」の原理を一身に体現された存在であると、川面は独特の天皇神学を展開する。

祭政不二の原理とは、前述したように「神人不二」、「顕幽一体」と同じ意味である。眼に見える宇宙（現象）は、眼に見えない宇宙（潜象）とあわせ鏡の構造となっており、両者の無限の相互作用によって現象としての宇宙が顕われているという考えである。

川面にあって、国体とは、「祭政不二」の宇宙的原理を表徴されるスメラミコトが、祭事の心を持って臣下の行う国政を総攬する国家体制を意味していた。

川面神学によれば、前述したように、君《キミ》も臣《オミ》も民《タミ》も本来的に宇宙の霊《ミ》をいただいたアキツカミであり、アラヒトカミである。宇宙本体の本源的中心《アマノミナカヌシ》から遠心、求心の旋回運動を通じて発顕した分派、末梢が結晶したものが国民、国土であるから、各国の国民も国土もまた神聖な不二一体の存在である。

天津日嗣の天皇は、宇宙の霊《ひ》を継いだお方であり、人類と不二一体であると同時に、自ら祭政不二、顕幽一体の真理を体現し、北極星のようにその宇宙原理を永遠に示すお方である。しかも、天皇は、小さな日本国にとどまらず、地球全体の祭政不二を体現し、宇宙の造化の完成に向けて誘導していく使命を持ったお方である。

その根拠は、人類の叡智を内包する日本古典に示された三つの神勅に由来すると川面は述べる。三つの神勅というのは、すでに説明した「天壌無窮」、「斎鏡斎穂」、「神籬磐境《ひもろぎいわさか》」についての神々の神託である。三大神勅を記した川面直筆の額が、今も稜威会の道場に掲げられている。

ここで注意しておきたいのは、「祭政不二」は、「政教一致」と混同されやすいが、次元の全く違う概念であるということである。

「政教一致」は、ある政体はある特定の国教を持ち、為政者と国民はその教義に指導されなければならないとする考えである。たとえば、日蓮宗の主張する「国立戒壇」は、政教一致を求める端的な例である。これと正反対の思想が、政体から一切の宗教的要素を排除しようとする「政教分離」という考えである。政体はいかなる信仰も奨励してはならず、宗教の教義に関与して

三大神勅（自筆）

はならないというものである。

これに対し、川面のいう「祭政不二」は、「顕幽一体」と同じ考え、つまり表のマツリゴトたる政事は、裏のマツリゴトたる祭事と不可分のものであり、相互に密接に反映しあっているという思想である。合わせ鏡のように反射しあっているからこそ、幽界における祭事を怠らず、身心霊を清め、清められた身心霊をもって顕界の仕事に当たるべきであるという考えである。すでに説明したように、顕界と幽界は、ムスヒの流出と帰入（遠心、求心）のはたらきにより、相互に影響を及ぼしあいつつ、ダイナミックな秩序を形成しているという考えが基礎にある。

「天皇は教権、政権の上に位す。かくの如き威厳ありてこそ、はじめて一国統治の大主権者とは申し奉るべきである」（『宣明書』）

天皇は、世の教権や政権（教義や政策）を超越した存在であると川面は指摘する。

明治、大正のころ、内閣は頻繁に入れ替わっても、国民はあまり不安を感じず、不思議に落ち着いていたが、その理由は天皇の静かながらも確固たる存在にあるとみた川面は、社会組織の中心としての天皇の神学を確立しようと試みた。

天皇は、即位に当たってキリスト教の大司教や、仏教の大僧正から冠をいただくのではない。むろん、神道の祭司から授けられるのでもない。御自ら、大祭司として魂ふりの行を修し天照大神と一体化され、天皇霊を注がれて皇位を継承するのである。国民と人類は、祭事を奉仕される天皇の姿勢を見習い、おのおのも魂鎮めの行を行って、祭政不二、顕幽一体の真理を体現化していかねばならないのである。

したがって、「祭政不二」は、政体と特定の国教との結びつきを必ずしも求めず、ただ政治指導者はじめ社会人がそれぞれの場で「顕幽一体」という宗教的信念によって導かれ、宇宙聖化の完成に向かって参加していくことを求めるだけなのである。この信念は、仏教やキリスト教にも部分的ではあるが、共有されており、その限りで仏教やキリスト教を信仰する国民がいても妨げないのである。

いずれ、世界の宗教は、宇宙の大道の説く「顕幽一体」、「祭政不二」の信仰の中に統合されていくであろうから、諸宗教が排他的にならない限り、信仰の自由はまったく差し支えないと川面は考えた。

無限責任を負う天皇

では、祭政のマツリゴトを行う天皇の道義的または霊的責任については、どう考えたらよいであろうか。天皇は、臣下の失政や国民の罪悪についてどのような責任を負うのであろうか。天皇は世俗を超越している「神聖」な存在だから「無答責」、すなわち法的責任は免れると憲法学者は解釈するのであるが、道義的または霊的な責任もまぬかれるのであろうか。

驚くことに、川面によれば、天皇ご自身は、「祭政不二」の極致であるからこそ、この世の道義的責任だけでなく、あの世に対しても無限の霊的責任を負われるという。総理大臣の罪も、庶民の罪もすべて自らの罪として道義的責任を負担するとともに、天照皇大神はじめ八百万の神々に日々お詫びしなければならない。いうまでもなく祖霊と子孫に対しても無限にその霊的責任を負っている。

天皇は国民と世界人類を代表して宇宙の顕幽両界と絶えず交渉しておられる偉大なアキツミカミであり、それだからこそ、祭政にわたるすべての無限責任から生涯逃れることができず、死後も逃れることができない。だから、天皇は、自発的に退位して責任を投げ出すことが許されず、顕幽両界に無限責任を負ったまま、逝去するまでどんなに苦しくてもずっと在位を続けなければならないと主張するのである。

このように祭政不二の神学は、顕幽両界にわたる無限責任という実に峻厳な要求を天皇に突き付けているが、川面は、最晩年の昭和三年に遺言のような著書『憲法宮』を書き下ろし、この祭政不二の立場に立って帝国憲法と天皇の神学的基礎を確立しようとした。

欧米にあっては、政治の最高指導者がみずから司祭するという祭の歴史がないから、政の立場からの憲法論評で良いが、わが国は天皇が最高司祭でもあるという祭政不二の国家だから、その立場からの憲法解釈がなくてはならない、と彼は考えた。巷にあふれる憲法解釈は、「表の天皇、政の天皇」しか見ていないと批判し、「裏の天皇、祭の天皇」の免れることのできない無限責任論などを堂々と開陳した。

彼が『憲法宮』で説いたところを要約すれば、皇と民は、本来的に不二一体であるから、天皇に主権があるのか、それとも国家または国民に主権があるのか、という議論は二元的な見方であり、いずれも採用できない。

帝王と国家国民は有機的に活動する不二一体であり、その不二一体の活動体の総合意思の結晶が、国家の大権となって顕われ、それが国家全体身としての帝王によって発動されるという主権の融合一体理論を展開したのであった。川面にとって、西欧風の二分法あるいは二元論は最も排斥すべき思考法であった。

川面神学において、憲法上の天皇とは、一私人としての帝王ではなく、「民族国家、政府内閣、議会、領土財産の総合統一大成したる不二一体的全体身としての発顕」を意味していた。

川面のイメージする天皇は、いわば全一的な（ホログラフィックな）全体身であり、民族国家全体身としての天皇のなかに、その分身として、その表象としての生身の天皇がましますのである。

知らずして

昭和天皇が、川面の著書を読んでいたかどうかは不明であるが、敗戦後、昭和天皇が占領軍司令官の前で臣下の戦争責任はすべて「自らの責任である」と表明したとき、天皇は、まさしく、川面の無限責任神学を一身に体現していたということができよう。

昭和天皇は、極東裁判の法廷に立つ覚悟を固めていたようだが、米政府の高度の政治判断で訴追を免れた。そして、退位を促す声があったけれども、自発的に退位せず、無限責任を背負ったまま、三百万の戦死者と二千二百柱の祖霊と八百万の神々に日々お詫びを続ける苦渋の後半生を送りつづけた。この間、昭和天皇は祭政不二の厳しくも孤独な境涯を黙したままじっと耐え忍んでいたはずである。

最期の死の床でも、昭和天皇は、六十日間以上の長きにわたって、顕界と霊界の間で身動きならず呻吟していたが、その間、刑死した反乱軍兵士や無数の戦死者のミタマの恨み、つ

昭和天皇

らみ、訴えをじっと聴きつづけ、無限責任の重さに耐えていたのではないであろうか。大日本帝国の栄光に未練を残し、まだ戦地をさまよい浮かばれないでいる無数の霊魂と対話し、これを浄化するために、昭和天皇は長い、長い死の床に伏せっていたのではないだろうか。

今日、平成の御代においても、今上天皇は無限責任を負いつつ朝夕に全国民の平和安寧を祈りつづけておられるが、この平成天皇のひたむきな姿勢を見つめ、その内心にそっと寄り添った美智子皇后の秀歌がある。（注・平成天皇は、２０１９年に健康上の理由で退位された。）

ことなべて　御身ひとつに負ひ給ひ　うらら陽《び》のなか　何思《おぼ》すらむ

「ことなべて御身ひとつに負ひ給ひ」とは、政治家の腐敗や国民の悪業、さらに天災人災についても無限責任を一身に背負うことをいう。政治の混乱や風紀の乱れも、すべて自分の霊的責任として受け止めるという態度である。一身に負いがたいほどの責任の重みを感じた時、しばしば今上陛下は石清水八幡宮に御参りし、応神天皇のご神霊の加護を長時間潜心して真剣に祈る任務をご自身に課してきた。

皇后は、毀誉褒貶を超えて無限の霊的責任を孤独のうちにどこまでも負いゆく陛下の姿勢にそっと想いを寄せ、静かに寄り添ったのである。

天皇の無限責任は、川面によって神学的に明らかにされたが、では、国民の責任は、どのように考えたらよいのであろうか。天皇が無限責任を負うとするなら、国民は、責任を免れるのであろうか。

いや、そうではないと川面神学は応える。皇と民は不二一体であるから、国民一人ひとりもまた陛下と同じように無限の責任を負うのである。同朋の罪は、自らの罪として引き受け、神々と祖霊にお詫びをし、そのご加護をお願いするとともに、それぞれの仕事を通じて同朋の罪の償いをしなければならない。いじめも、虐待も、ホームレスも、国民一人ひとりが無限の責任を負い、政府に頼らずに手助けし、解決に導かねばならないのである。

国民としては、「ことなべて御身ひとつに」責任を負う陛下の篤い御心を見習い、一人ひとりも無限責任を負担しながら、それぞれの職務を誠実に尽くすとともに社会公共に奉仕することを求められている。国民は、陛下のように大司祭ではないし、司祭として祈りと魂鎮めの修行を積んでいないけれども、陛下に見習い、天下の平安のために祈り、魂鎮めを日々行

美智子皇后（上皇后）

じていくことを川面は求めた。

　このように、皇と民がお互いに無限責任を負いつつ、社会国家の発展向上に尽くす姿勢、これを四文字で簡潔に表現したものが、川面のいう「皇民一体」なのであろう。それは、個人の権利を強く主張するが、なるべく責任を回避しようとする「戦後民主主義」と対照的な態度である。

「ことなべて」の御歌を天皇の無限責任の重さを詠ったものとすれば、皇后の次の御歌は、明らかに国民一人ひとりの無限責任について静かに観照した作品である。

　　知らずして　われも撃ちしや　春たくるバーミアンの野に　み仏在《ま》さず

　美智子皇后は、春の盛りの頃アフガニスタンのバーミアンを訪問されたことがある。バーミアンの有名な石仏はすっかり破壊され跡形も無くなっていたが、それは単に過激派タリバンの行為によるだけでなく、　実は自分もその破壊に加担していたのではないだろうか、と皇后は深い自省を迫られた。
知らないうちに石仏の破壊と信仰の破壊に加担していたかもしれない道義的、霊的責任の重さに心を致し、静かにみ仏に問いかけられた。皇后は、はるか遠くバーミアンに発生した事件についても、現代に生きる地球市民としての無限の責任に想いを馳せたのである。

カトリック系の大学で教育を受けた美智子皇后は、カトリック風の観想のまなざし(contemplatio)を通して、移りゆく事象を永遠の相の下に眺めた多くの秀歌を詠まれている。右の二つの作品は、繊細な日本的感受性と透明なカトリック的観想がみごとに融合した、心の奥まで揺さぶられる感動的な御歌である。

皇后は知らずして、川面の無限責任神学を伝統の和歌に託して詠み込まれていたのであった。

第十四章　宇宙意識の我へ

第十五章　社会の組織原理と日本の使命

左と右の社会主義

大正九年は、年明けから不穏な空気が漂っていた。
お屠蘇の気分も冷めやらぬ一月四日、原敬首相は、資本家労働者双方に対し、労資協調を呼びかける異例の声明を発表した。第一次世界大戦は、七年末に終結していたが、その反動で不況が深刻化し、労使の対立が激化していたのである。

劣悪な労働条件に抗議する労働者のストライキはますます大規模になり、社会の摩擦は頂点に達しようとしていた。二月には、官営八幡製鉄所の職工一万三千人がストライキに突入、三月には株式が大暴落し、大戦後の恐慌がはじまった。労働諸団体は団結を強め、五月一日には、上野公園で初のメーデーが五千人の労働者を集めて開催された。

吉野作造が民本主義を提唱し、民意を反映する政党政治の樹立を呼びかけたのは大正五年であったが、大正八年頃にはデモクラシー論議は下火となり、代わって総合雑誌『改造』や『解放』などが部数を伸ばし、社会体制の変革を訴える論調が盛んになっていた。選挙権の拡大という迂遠な方法では間に合わないと考え、手っ取り早く社会の改造を求める性急な声が巷に広がっていた。デモクラシーから出発した学生運動も、マルクス主義の影響を受けながら次第に戦闘的になっていた。

社会主義ばかりでなく、無政府主義も知識層の関心を集めていた。大正九年一月に、東京帝大助教授森戸辰男が、クロポトキンの無政府主義を宣伝した容疑で、休職処分を命じられた。右翼団体から危険思想という攻撃を受け、雑誌の編集発行人大内兵衛とともに新聞紙法違反などで起訴された。

他方、右翼の側からは、デモクラシーのもとで社会改造はできないと考えた大川周明が、天皇の権威のもとで錦旗革命を起こし、国家社会主義を実現しようと計画し始めていた。また、北一輝は、天皇と皇軍による哲人政治を国家社会主義にいたる過渡期の政治形態とみて、これを実現しようと画策していた。社会正義を実現するには、「君側の奸」である重臣などの中間権力者を排除して、民の意見が直接皇室に聴き届けられる仕組みを作らねばならないと両者は考えていた。

左右の勢力がこのように激しく攻撃し合っていた騒々しい大正九年の年初のある日、川面のもとを同人の葦津耕次郎が訪ねてきた。

葦津は、福岡の筥崎八幡宮の社家出身の事業家で、貧窮期の川面に資金援助していた人物である。八幡宮の葦津家は、もと大神（おおが、おおみわ）氏と称していたから、おそらく宇佐八幡社家の大神氏の分かれと思われる。

葦津耕次郎は、いかにも憂慮に堪えぬといった表情で、切り出した。
「先生、近頃はやりの社会主義やアナーキズムは、困ったものですな。国民の思想が堅固でないから、海外の流行思想にすぐかぶれてしまう。一つ、川面先生の宇宙の大道の立場から、あるべき社会観を論じていただけませんか」
「出版費用は私どもが出しますから、ぜひ書いていただきたい」と葦津は熱心に頼み込んだ。

葦津が川面に出会ったきっかけは、日露戦争の名参謀秋山真之将軍から川面の『古典講義録』を読んでみろと手渡されたことであった。感銘を受けた葦津は、その後、知人の今泉定助など有力な神社神道家を川面に引き合わせた。川面神道が正規の神社界に知られるきっかけを作るのに功績のあった男である。

川面凡児は、それ以前も社会主義に対する批判文を雑誌「みいづ」に少しずつ掲載していたから、もちろん本の出版に異論はなかった。彼は、十月から一切の来客を断り、山中にこもってひと月ほどで六百ページの大論文を書き上げた。

こうして、大正九年末に出版されたのが『社会組織の根本原理』である。神道家が社会体制を論じるのはそれまで見られない出来事であったが、それは葦津の懇請によるまでもなく、川面自身のヒモロキ・イワサカ神学が要請するところでもあった。

川面神学によれば、大宇宙の神聖な直霊《なおひ》を受け継いでいる人間は、この世の現象界というイワサカにおいてそれぞれの仕事を通じて直霊を充実、発展させ、霊界と調和のとれた顕界を作り上げていくことを求められている。その過程において、各人は社会という現象界《イワサカ》の根本原理を知り、それに則して行動することが求められていると考えていたのである。

では、そもそも、我々の住むイワサカの社会とは一体何であろうか。

社会は、どのように組成されているのであろうか。川面の世界教神学において、この社会はどのように位置づけされ、社会人はどのような態度と行動を求められているのであろうか。

川面の社会組織論によれば、社会は、単に個人の無秩序な集合体ではなく、個人同士の契約や信託によって成立した集合体でもない。まして、階級からのみ構成されているわけでもない。社会組織は、中心と分派のダイナミックな交流から構成されている宇宙の秩序を反映したものであって、組織の中心をなす「根本自我」とその「分派自我」から構成されている霊的統一体である。家庭、会社、市町村、国家など多重の社会組織は、いわば入れ子構造のミタマ群の複合体なのである。

したがって、家庭の長、会社の長、市町村の長、国家の長は、それぞれの組織の「根本自我」として構成員を感化統一していく大直霊の神たることを自覚し、実行しなければならない。また、その「分派自我」たる構成員も、身心を清め、根本自我の霊性に同化、結晶し、心を合わせながら労働と奉仕活動を行い、自らの神体としての本質（神ながら）を発現していくことが求められている。

家庭、会社、国家、世界あらゆる組織体の中心に位置する聖なる「根本自我」との統一を忘れたとき、組織に混乱と崩壊の危機が忍び寄ると川面は懸念した。

だから、まず中心となる元首の権威や政府権力の廃絶を求めるアナーキズム（無政府主義）は論外であると川面は切り捨てた。「一切の制度を破壊せよ」というバクーニン、クロポトキンの無政府主義は、当時すでに紹介されていたが、かれらの無政府主義は、統一体としての社会をまとめ、成り立たせている中心の根本存在をまったく無視するものであるから、逆にますます社会は混乱と破滅に向かっていくと批判した。

この当時、大杉栄は、労働組合を基盤としたアナーキズム体制を呼びかけていたが、地域共同体や相互扶助団体など中間組織の役割を重視するという意味のアナーキズムや組合主義も、社会全体の中心を無視する以上、中間組織間の意思統合がうまくいかないだろうと思われた。

それでは、流行の社会主義はいかがであろうか。

この頃、生産手段の公有を通じて配分の平等を求める社会主義が知識人の強い関心を呼び、堺利彦や河上肇らが、雑誌『改造』、『解放』などを舞台に社会主義について活発な論陣を張っていた。

川面によれば、社会主義は、民衆社会主義も国家社会主義も修正社会主義も、強大化された中央権力を通じ配分の平等を求める運動であるが、その本質は「肉欲、肉我」の個人的欲望を達成しようとするものであるから、配分の平等をめぐり不平不満と怨恨が尽きない社会となるであろう。経済的平等と所得の増大をもとめる欲望には終わりがないのである。

それればかりでなく、個人の意見や思想を中央権力によって統制する社会主義では、個人の「魂の創意工夫」が衰え、社会と組織の「魂の活力」が沈滞し、生産力が低下していくであろうと川面は批判した。その結果、沈滞した社会の窮乏を、平等に配分することになりかねないと危惧した。

また、暴力的な階級闘争を正当化する過激的社会主義（共産主義）は、「嫉妬、反抗、闘争のみで相互の尊敬心がない」ことを重大な欠陥と指弾した。闘争は、肉欲と肉欲の衝突であり、やがて最後には強者も疲労自滅すると予見した。「闘争より始まるものは、闘争に終わる」とその帰結を示唆している。

革命によって帝王や資本家を打倒しても、次の革命政権はその地位を軍事力と警察力で強引に保持しようとするから、革命政権の方がより横暴になるおそれが大きい。革命政権が、その圧倒的な権力で「悪平等」の政治を敷いたとしても、つぎにふたたび赤い貴族などの「悪差別」が生まれることになるから、争乱が絶えなくなると懸念した。

「悪差別に陥るの極みはその反動として悪平等の起こり来たり、悪平等の結果は再びより以上の悪差別を現し、しこうして幾回か社会の秩序は破壊され、組織は滅裂し、紛乱騒擾に次ぐに紛乱騒擾」を招くことになると予想した。

ロシア革命後のソ連や第二次大戦後の共産中国の絶えない争乱の歴史を予見していたような発言である。肉欲、肉我の闘争をむき出しにした社会が、どのような結末を辿るか、川面は的確に描いていたのであった。

流動しなければ腐敗する

無政府主義や社会主義を採用できないとなると、では、大正時代の自由放任の資本主義でよいのだろうか。豪奢を極める株成金や船成金を産み出した一獲千金の自由な社会は、健全な社会と言えるのであろうか。

川面によれば、資本主義も、やはり「肉我」としての個人の自由を前提としており、自分本位の物質的利益を無制限に追求することを容認する制度である。その放任の帰結は、欲望の競争と無秩序が支配する社会、すなわちマガツヒが乱舞する社会となるだろう。強欲を実現する才覚を持った人間だけが得をする格差社会となり、持たざるものの「恨みの魂が充満する怨嗟社会」になると批判した。怨嗟社会では、調和のとれた永続的な発展は望むべくもない。

個人の攻撃的な自由を放任する資本主義社会では、持つ者と持たざる者の「悪差別」が横行することになる。かといって、人物の能力や識見を顧みず、権利と財産を平等に配分することは、かえって「悪平等」に陥る弊害がある。

川面は、平等も差別も、固着してはならず、絶えず新陳代謝する流動的な社会でなければならないと主張した。平等も差別も固定化してしまうと、必ず社会組織は腐敗すると考えた。

「遅滞する平等は、腐敗するがごとく、粘着する差別も腐敗する。相互に流行転換するの組織たらしめねばならない。たとへば、今日の華族制度のごとき差別の粘着したるものなるが故に、その子孫のアホ、トンマとなるもの少なからず…・また、今日の共産主義のごときは、遅滞する平等にして、流行転換せざるが故に腐敗するに至るのである」

独裁権力によって悪平等を固定化しようとする共産主義社会がやがて腐敗に陥ることを、

このように的確に予見した思想家は、この頃川面以外にいたであろうか。ソ連や共産中国のすさまじいまでの腐敗を彼は予知していたのであろうか。

川面神学においては、華族制度も、差別を固定化するものであるから、厳しく批判されるべきものであった。そもそも、華族制度は、万民は一君のもとでみな平等という明治維新の「一君万民」の精神に反していると皮肉を交えて批判した。川面が若いころに敬愛していた民権運動の指導者板垣退助も、華族は一代限りとすることを提唱していたが、彼らの意見は受け入れられなかった。

川面凡児は、不動産の国有化についても一家言を述べている。

土地建物の不動産は、著しい格差を固定化する傾向の強いものであるから、国家の所有とし、使用権を国民に配分すること、そして流動的な性質を持つ動産のみ個人の所有にすべきと大胆な主張を展開した。資本家や成金たちが誇る広大な家屋敷は、庶民の「怨嗟」のマガツヒを招いていると観察し、国有化を提唱したのである。

華族制度廃止論も不動産国有化論も帝国の根幹にかかわる重大な言説であり、内務省警保局にとっては警戒すべき対象となったはずである。特に、不動産国有化論は、その五年後に制定された私有財産制度の擁護を謳った治安維持法に抵触するおそれがあった。

　ところが、川面凡児の著書は昭和十四年に全集が刊行されたにかかわらず、なぜか発禁処分を受けなかった。それは、川面の秘教的神学の信奉者が極めて少なく、民衆運動として発展するおそれがないと内務省が判断したためであろうか。それとも、川面の稜威会に所属していた政界、官界の有力者に遠慮したためであろうか、真相はよくわからない。

川面凡児（大正十四年）

社会組織の根本原理は

　要約していえば、川面の説く「社会組織の根本原理」は、三つの基本要素からなるように思われる。

　第一に、社会を構成する人間は、みな宇宙本体神の分霊が受肉した現人神《アラヒトガミ》であって、単に目に見える個体から成る、肉欲を持つ「個人」にすぎないのではない。人間は、毎瞬毎瞬、霊界と交流しつつ呼吸している顕幽一体の存在である。したがって、人生の目的は、「肉我」としての個性を発揮することではなく、「心我」（魂性）、「心心我」（霊性）としての本来の自性を発露することにある。

人生は一代に止まらず、過去生から未来生へと無限の発展活動を続けるのであり、この世（顕界）におけるそれぞれの仕事を通じて人格と家庭、社会、国家さらに世界、宇宙を「調和、総合、統一、同化」していく責務を負っている——これが第一の根本原理である。眼に見える個体としての「個人」を単位に考える西洋の個人主義思想が、社会主義や資本主義を生んだのであると川面は批判した。

第二に、社会組織は、家庭、自治体、国家を含め、中心の「根本自我」とその「分派自我」から構成されている霊的統一体である。中心がなければ宇宙が存立しえないように、中心がなければ社会組織もあり得ない。

宇宙の中心はその分派があってはじめて中心たりえるように、社会にもそれぞれの根本自我たる家長、社長、市町村長、総理大臣、天皇があり、そのまわりに、分派自我たる家族、社員、市民、国民、祭祀共同体員があってそれぞれの組織の中心を支えている。

宇宙の中心と分派は、相互に反映、交流しあい、動的な調和を保っているように、社会の上長と構成員もお互いに尊敬し、感化向上しあって、人格の統一、家庭の統一から国家、世界、宇宙の統一へと進む任務を負っている。川面が、国家、世界、宇宙の「統一」というとき、それは軍事的あるいは政治的統一ではなく、中心と分派の相互の霊化（霊性向上）による霊的統一を意味している。

第三に、社会組織というものは、組織内に必然的に発生する平等と差別が「粘着固定」せず、絶えず「流行転換」するとき活発で安定的な組織となる。宇宙そのものがムスヒの遠心、求心のはたらきによって絶えず「流行転換」しているのだから、社会もこの宇宙的真理に基づいて運営すれば、活発で安定的な社会となるのである。それは、活発に回転するコマが静止安定しているように見えるのと同様である。

個人も社会も含め、万有ことごとく宇宙的中心《アマノミナカヌシ》より「時々刻々の解放」（遠心作用）を受け、宇宙的中心に「時々刻々の帰入」（求心作用）を続けている躍動的な実体であるから、けっして人為と権力によって「粘着固定」させてはならないのである。国家も社会も、ひとり資本家、労働者、君主あるいは民衆のみをもって成立しているものではないから、労働者や君主などが「専属的に私有しうべきものでない」し、専属的に私有してしまうと、そこからたちまち社会の「粘着固定」とその帰結としての腐敗と沈滞が始まるのである。

このように、川面の動的な社会組織論は、八章で説明したように、ムスヒという微小な根本ベクトルが異次元と転換流行しつつ無限に躍動し続けているという宇宙生成観が背景にある。そして、時代が「時代の魂」(zeitgeist)を持つように、社会組織にも「組織の魂」があり、それは抽象的な理念ではなく、感じ取ることのできる具体的な生きたミタマでもあるという霊魂観に支えられている。

社会の体制は、修正資本主義であれ、修正社会主義であれ、少なくとも右の三つのダイナミックな社会原理を踏まえたものでなければならないと川面は説いた。この根本原理に立つならば、最終的には、「国家と民衆の分離せず、資本と労働の衝突せず、すべての階級が調和親睦して、同胞一族同根一体の実勢を上げる」ことができるであろうと期待した。

しかし、国内の現実に目を転じると、各地で労働者の集団ストライキや抗議デモが頻発し、社会は騒然としていた。川面が「社会組織の根本原理」を書きあげたのは大正九年末であったが、その三月に株式が大暴落し、戦後恐慌に突入し、労働運動は激化の一途をたどっていった。

そして、国内ばかりでなく、中国大陸や朝鮮半島においても抗日運動の火が燃え盛ろうとしていた。内外ともに動揺と混乱の時期を迎えていた。川面は、国内の社会原理だけでなく、国際社会における帝国の行動原理についても提言しなければならなくなっていた。激動を続ける世界において日本民族はどのような使命を持っているのかについても、神道家としての見解を迫られていた。

盟主か、それとも同胞か

大正八年四月、パリ講和会議で、第一次世界大戦の講和条約が締結された。これにより、日本は山東省と膠州湾の旧ドイツ権益を譲り受けたが、支那側に大きな不満を残すことになった。翌五月、これに反対する学生の激しい示威運動が北京でおこり、五・四運動として支那全土に記憶されるようになる。六月以降、抗日運動は各地の労働者や市民に広がり、日本商品の不買運動や集団ストライキに発展した。朝鮮でも、三月に京城などで「独立万歳」を叫ぶ民衆の示威運動が発生し官憲と衝突、全土に反日暴動が拡大した。

わが国の海外統治政策は、見直しを迫られる時期にさしかかっていた。それまでは、日本が「アジアの盟主」として君臨し、日本の強力な指導のもとで近代化された東アジアを基盤にして白人勢力に対抗するという構想を描いていた。

しかし、支那人も朝鮮人も、外国人政府による近代的な統治よりも、たとえ非能率あるいは前近代的であっても自国民政府による統治のほうを好むということを日本政府は理解することができなかった。支那と朝鮮の民衆の抗日運動は、ウィルソン米大統領の民族自決宣言によってますます油を注がれ、収束しようとする気配は見えなかった。

大正十年に小日本主義を唱えた石橋湛山は、その間の事情を次のように解説している。

「台湾にせよ、朝鮮にせよ、支那にせよ、はやく日本が自由開放の政策に出づるならば、それらの国は決して日本から離るるものではない。・・・彼らは、ただ日本人が白人と一緒になり、白人の真似をし、彼らを圧迫し、食い物にせんとしつつあることに憤慨しておるのである」（『大日本主義の幻想』）

果たして、アジア諸国から「模範的指導者」と認められる手法というものが、果たしてあるのだろうか。そもそも、「盟主」となることは可能なのであろうか。川面は、当時盛んだった盟主論についてこう語っている。

「我より進んで盟主国となりうるものではなく、他より信頼推挙され、他より信頼悦服せられて、はじめてその指導者となり、盟主国となり、中心国となりうる」

なるほど、理論的にはそのとおりであるが、では、日本が信頼されるにはどうすればよいのか。それには、日本はアジアの「盟主」ではなく、世界の「同胞」として協力する必要があると川面は考えた。

「自国のみを謀る国は必ず滅亡する」のであるから、「自国主義と同時に他国主義に進み、世界同胞一族主義に進み、宇宙万有同根一体主義に到達すべき」である。そうして、「相互に調和する一致点」を発見し、行動に移すのが望ましいと強調した。自国の利益のみを図る国民は、やがてその「毒気」が天地に満ちて、大災害や海外からの圧迫を招きかねないと憂慮していた。

世界の「同胞」として行動していけば、列国の民族は「しらずしらずの間に、日本民族を敬うて、世界平和の使徒となし、知らず知らずの間に天津日嗣の天皇を尊びて世界平和の神と仰ぎ奉るに至らしめざるべからざるなり」と説いた。

しかしながら、日本民族が尊敬されるには、もっともっと努力、研鑽を積まなければならない。わが国がすべての面において世界の一流にならなければならない。わが国は、「その宗教、哲学、政治、経済、法律、心理、倫理、道徳、文学、芸術はもとよりすべての科学と生産工業を発達」させるとともに、国民全体が「大聖人、大神人と霊化」していなければならない、と強調した。

「我ら日本民族は、世界の各民族と共に世界統一の基礎を建設して、完全なる人類社会を完成せねばならぬのです。・・・それには、武力も経済力も宗教も哲学も倫理道徳も芸術も殖産工業も教育もあらゆるものが世界の模範と成らねばなりません」

しかし、川面らの意見は、朝鮮人や支那人を蔑視していた民衆の耳に届かず、またアジアにおける資源確保と利権拡張を急いでいた政府当局者の支持を受けることもなかった。「同胞アジア」や「完全な人類社会」の建設は、あまりにも美しく、あまりにも現実離れした空虚な目標に映ったのであった。

対米戦は五十年待て

第一次大戦の終結した大正七年以降、疲弊した英国に代わって、国際舞台に躍り出てきたのは米国であった。米国は最大の工業生産力を背景に、国際舞台で政治的な発言力を急速に伸長させた。強大な軍事力を背景に、日本の大陸進出を抑制し、米国の支那権益を確保しようと圧力を加えてきた。ハワイ、フィリピンを併合した米国は、支那大陸に次のフロンティアを求めようとしていた。

第一次大戦の勃発する前年、大正二年には、カリフォルニア州で日本人の土地を一方的に没収する排日土地法が成立していた。勤勉な日本人にカリフォルニアの土地が買収されてしまうことを嫌った人種主義者たちの策謀であったが、これを機に国民の対米不信は高まっていくことになる。

大正八年に開催されたパリ講和会議で、国際連盟の設立が議題となったが、このとき、わが国は、日本移民を保護する狙いで連盟の規約と宣言に人種差別撤廃を盛り込むよう提案した。ところが、議長を務めた米国の大統領ウッドロー・ウィルソンは、最後の段階で多数決の採決ルールを一方的に変更して、「全会一致」を主張し、日本の提案を否決に追い込んでしまった。

ウッドロー・ウィルソン

大正十三年になると、さらに日本人移民を標的にした連邦政府の新移民法が成立した。この移民法は、米国に受け入れる各国の移民数をそれまでの実績比率で割り当てるというものであったが、日本移民の割り当ては最初から除外されていた。

この極めて差別的な移民法は、対米感情を一気に悪化させることになる。新移民法の成立直後、一人の男が米大使への抗議文を遺して割腹自殺を果たした。東京で、抗議デモが行われ、新聞も反米一色に染まった。渋沢栄一など米国に好意的だった実業家も心底から憤慨した。自由と平等を標榜してきたはずの米国が、黄色人種の日本に対して対等の立場を認めようとしないのは理不尽極まりないと思われた。

自由と平等の権利は、黒人はじめ少数民族に適用されないアングロサクソン優先の偽善的な強者の論理だということを、黒人やインディアン、ヒスパニックなどの少数民族は痛いほどよくわかっていた。

しかし、それを「偽善」と非難する知力も政治力も、少数民族は持ち合わせていないことを白人たちはよく知っていた。当時、この米国の偽善と姦計に敢然と立ちむかうことができるのは、遠く太平洋を離れた日本民族だけであった。

巷には反英米感情が高まり、英米との戦争の準備をせよという論調も新聞雑誌に現れ始めた。しかし、川面は戦争には反対であった。大正十年、機関誌「みいづ」の八月号で対英米開戦は時期尚早であり、辛抱強く五十年の時を稼げと警告している。

「日本は堅忍五十年、その人口一億人に達するまで英米と戦いを開いてはならない」

この警告がなされてから四十六年目にあたる昭和四十二年七月に日本の人口は一億人に達することになる。川面は、五十年後の昭和四十年ごろまで時を待てと自制を求めたのである。

不平等な海軍制限条約の結ばれた大正十一年にも、川面は米英の圧迫に対する「堅忍」を求めている。

「いかに侮辱せられてもよい、一意専念、貿易戦にのみ勤勉努力し、耐忍の上にも耐忍すべき時期であることは、吾人は警戒しおかねばならない。いずれにしても、世界の平和は永続すべきものでない。いかなる事情ありとも、その大主権に影響するものにあらざる限りは、今よりもって、堅忍の上にも堅忍することを自覚しおらねばならない」（大正十一年九月号）

理不尽な排日移民法が成立し、反米の気運が全国に燃え盛った大正十三年には、あらためて注意を促している。日本は小国ではあるが、人種差別撤廃という正義を堂々と貫いていけば、必ずいつか天が懲罰の機会を与えてくれるものであると説き、自重を促した。

「大国を頼むものは必ず亡ぶ。小国なりといえども正義人道の下に堅忍不抜なるときは天必ず機会を与え、かれ米国の傲慢を懲罰せしめ給うのだ、今より五十年これに報いるの準備をなせ」（大正十三年五月号）

しかし、残念ながら、昭和四年の世界恐慌の煽りを受けて国内の対立が激化し、さらに満州事変以降、政府も軍部も次第に外交的、軍事的に窮地に追い詰められ、穏忍自重を求める川面の主張に耳を傾ける余裕はなくなっていった。

やがて、ルーズベルト大統領は対日石油禁輸をおこない、支那からの全面撤退など日本の受け入れることができないとわかっている無理難題を次々に吹っ掛けてきた。日本を怒らせ、先に攻撃させて米国の参戦の口実を作ろうと陰険な策謀を巡らせた。ルーズベルトのような巧みな煽動家は、米国の大衆デモクラシーを操作する方法をよく知っていた。

こうして喧嘩を売られた我が国において反米世論が必然的に燃え上がり、それは、民衆の次元を超えて次第に国策の次元に反映されていった。

川面は、幸いにも、日本の敗戦と国土の壊滅を見ることなく昭和四年に逝去した。生前、日本が二度目の世界大戦にも参戦することを予見し、その後も、ふたたび興隆と繁栄を続けると見通しを述べたことがあったが、第二次大戦が悲惨な敗北の結果を迎えることについてはなぜか口を閉ざして言及しなかった。

第十五章　社会の組織原理と日本の使命

終章　天の巻から地の巻へ

我が身にいとま

川面凡児は、日本国民の責務と世界的使命を訴えようとして、昭和二年から三年にかけ『憲法宮』、『天照大神宮』、『安心立命宮』などを集中的に書き上げた。死期の近いことを知り、渾身の情熱をこめて遺書ともいうべき川面神学の集大成を出版したのであった。

それらが完成した昭和四年の一月、一番厳しい大寒の禊ぎが、藤沢の片瀬の浜で行われたが、それが川面翁の指導する最後の禊ぎとなった。一月の荒海の中での禊行は、とりわけ高齢者にとっては、凍りつくように過酷なものがある。沖合いに流されないよう、修行者たちは一本の命綱を固く握り締めながら禊ぎをおこなうが、波の高いときは相当の緊張を強いられる荒行である。

川面翁は、この片瀬海岸での寒禊ぎのあと急に体調を崩し、長い病床についた。身の回りの世話をしてくれていた母親は亡くなり、ずっと一人暮らしであったから、門弟たちが入れ替わりに看病した。しかし、一月余りの門弟たちの昼夜を徹しての介護もむなしく、昭和四年二月二三日、急性肺炎を併発して神去った。享年六八――。

無一文で上京して以来、苦節四十四年、禊行を中心とする魂ふりの意義は、やっと神道界の一部に知られるようになり、魂ふりを通じて参入した神秘体験を踏まえた古典解釈はようやく指導者層の一部に理解されるようになってきた。だが、この間、集中的な執筆と講演、日々の祭事と門弟の指導は、身を切り刻むように凡児の体を痛めつけていた。

身心ともによほど疲労困憊していたのであろう。用意されていた辞世の歌は、これでやっと余裕ができるという安堵感を詠ったものであった。

哀れとや　みそなはしけん　暇なきわが身にいとま　神ぞ賜はる

永《なが》のいとまを与えられた川面の遺骸は、多磨墓地の一画に葬られ、そこに背丈を超える奥都城《おくつき》が築かれた。神葬祭には、貴族院議員、法学博士、銀行頭取、陸海軍将官など数百人の名士や同人たちが参列した。

「将来、稜威会が衰微しても、自分は必ず生まれ変わってくるから、その時まで細々とでよい、祖神の三つの垂示を忘れないようにしてもらいたい」

川面凡児は、昭和四年二月、このように遺言して神去った。日本が二度目の大戦を迎えることを予見していた川面は、おそらく、第二次大戦の敗北のあと時代の風潮が劇的に変わり、

川面先生の墓

稜威会が甚だしく衰微することを予知していたのであろう。

「自分は、天の巻を解いたから、皆は地の巻を解くように」と川面は門人に語った。

川面は、比類のない霊覚によって天界の秘密の一端を開示したが、門下には知性を用いて現象界の秘密に迫ることを求めたものであろう。川面の神学体系を基礎にして、経済学、政治学、物理学、生物学などを発展させ、それらの成果を地上に発現することを期待したものと思われる。

「自分はあらゆる窮乏と闘って、この道を研究したために、立論に日が暮れて実地の経綸を行い得ないのが残念だ。しかし、あれだけの著書を遺しておけば、後世誰か人物がでてこれを実行してくれるであろう」

川面は、晩年にこう語り、世界と宇宙の霊的統合にかける期待を後世につないだ。

実地の経綸を実行してくれる人物が現れるとすれば、それは川面凡児の生まれ変わりかもしれない。この世で志を遂げることができなかったとしても、嘆くことはない、次の世に生まれ変わってやり遂げればよいだけだと彼は密かな決意を固めていた。

「自分は世界の救済のために必ず生まれ変わってくる」と川面は遺言したが、果たして彼は、再び貧窮と闘う宗教家として登場するのであろうか、あるいは脚光を浴びる素粒子物理学者として再生するのであろうか、それとも――。

世は永し　来《こ》ん世にも　また生れなむ　心安かれ　事ならずとも（辞世）

あとに続く人々

巨星が落ちると天地が鳴動するといわれるが、川面翁の死から八ヵ月後の十月二十四日、ウォール街の株式市場が大暴落し、またたくまに世界に恐慌が波及した。昭和四年から昭和六年にかけて、労働者の失業率は急上昇し、デフレ政策で米価は大幅に下がった。昭和六年の東北の凶作で、農家はさらに困窮し、娘を身売りせざるを得ない悲惨な状況が報道された。軍部は、労働者と農民を救済できない政党や官僚への不満をつのらせ、関東軍の過激分子は、昭和六年九月に満州事変を起こし、満州を民族の生命線として確保しようと暴走していく。落ち着いて川面の膨大な著作を読もうとする人はほとんどいない荒々しい時代に突入していった。

昭和四年に川面が逝去したあと、稜威会の活動は門下生によって引き継がれていった。中央大学学長の馬場愿治などが会長を引き受け、禊ぎや教学を学習する集会を定期的に開催した。

川面の唱導した「宇宙の大道」は、独特の幣さばきや祝詞を含む祭式行事と広大な神学体系よりなるが、祭式行事は門下の神職、多田雄三が中心となって受け継ぎ、神学面は、神宮奉斎会会長の今泉定助がこれを分かりやすく祖述し、紹介に努めたのであった。

多田雄三（明治十六年―昭和三十二年）は、もと日本画家であったが、川面門下に入り、川面没後、各地で熱心に禊ぎを指導し、祭事を施行した。独自の霊感から来る言魂解釈を奔放に駆使した『言魂の幸』、『祓禊講演録』などが出版されている。

今泉は、『大祓講義』、『国体原理』などの著作を精力的に発表したが、それは、川面の業績を分かりやすい表現でほとんど祖述したものであった。川面の著作は、難しい明治の漢語が多く、言霊の説明は難解で、表現は粘着質と思えるほど重層的な繰り返しが多いのが特徴であるが、今泉の役割は、それを昭和の平易な言葉で書き直すことであった。

戦後の占領時代に入ると、稜威会の活動は、小休止を余儀なくされた。国家神道を批判し、神道の宗教化を訴えた稜威会であったが、占領軍は川面の「宇宙の大道」も国家神道と同列のものとみなしていた。天皇陛下と教育勅語を賛美し、極端な国家主義を宣揚したと誤解し、著書群を発禁処分にしたのであった。

しばらくの間、同人たちは食料の調達に追われていたが、昭和二三年ごろから練馬区関町の道場を舞台に活動を少しずつ再開しはじめた。独立を回復したあと、昭和三十二年ごろから、同人たちが集結し、富岡盛彦（富岡八幡宮）を稜威会の会長とし、理事、評議員など会の陣容を再び固めていった。

昭和四五年には、ジュネーブ大学教授ジャン・エルベール博士が稜威会を訪問し、真冬の禊行を取材したことがある。このとき博士に同行していたフランス国営テレビが厳寒の禊ぎ風景を撮影し、フランス国内に紹介した。

エルベール博士は、このとき著名な神社も訪問取材し、その成果を『神道―日本の源泉』にまとめたが、この著書はのちにフランス学術大賞を受賞した。

高度成長期に入った昭和四十五年には、川面凡児全集第二版が印刷され、昭和四十九年にカリフォルニア大学、エール大学、ボン大学、香港大学など米欧の約三十の研究機関に寄贈された。この頃、中央大学教授中西旭は、稜威会の会長を務め、川面神学の海外普及に大きな役割を果たした。

川面凡児の思想は、著書や祭事を通じて戦後も多くの宗教指導者に影響を及ぼしているようである。特に、神道系の指導者にとって、川面の神学体系は避けて通ることのできないものであった。

もと伊勢神宮の神官で、のちに白峰神宮宮司を勤めた石井鹿之助も、川面の神学を基礎に伊勢神道を再構成しようとしたひとりであった。彼は、伊勢神宮の心の御柱を中心とした祭祀が明治以来廃止されたことを批判し、アマノミナカヌシを祀るその古式を復活させることを提唱した。

小泉大志命

古代史家の吾郷哲夫も、上記《うえつふみ》や九鬼文書などの古代文献を発掘するかたわら、『有機的全神観』、『日本神学の幾何学的把握』を著し、日本の伝統的神学を再構築しようとした。吾郷の「有機的全神観」には大なり小なり、川面の全神論が反映されているように思われる。
川面の行法を内外で指導した古神道家の小林美元の業績も付け加えておきたい。小林は、エルベールの著書に触発されたフランス演劇連盟から招きを受け、鳥船や呼吸法などの身体作法をフランス人俳優等に指導し、それが普遍的な有効性をもつことを確認した。『実録ヨーロッパの神道研修』に指導の模様が詳しく紹介されている。

小泉大志命は、川面から直筆の幣祓いの巻物と記念の水晶玉を伝授された唯一の弟子であったが、戦後は伊雑の宮の前に道場を開き、剣による日本と世界の浄め祓いを終生行い続けた。川面流の禊と幣祓いを体得し、それを剣に応用して、ただ一人、天地の禊と和合を祈り続けた。それを通じて天皇を霊的に防護するとともに、神人となる子供たちを産み出そうとしたのであった。（詳細は『小泉大志命・祓い太刀の世界』を参照されたい。）

神の車は静かなり

敗戦後、内務省神社局の監督と庇護から解放された神社神道は、神社本庁のもとに再編されて再出発した。内務省神社局の拒否した神道の信仰化が、戦後、米占領軍によって容認されたのは、歴史の痛烈な皮肉といえるだろう。

戦前の内務省は、禊行を神社界にとりいれることは賛成しなかったが、神社本庁は、川面流の禊行に注目し、禊ぎ、鳥船など身体作法の一部を正式に神職養成の一環として取り入れた。神社本庁の設立に尽力した葦津珍彦などの働きかけがあったようである。神社本庁は、石上神宮のフルベの神業なども研究し、これを神職の魂鎮め法として採用した。神社神道は、独自に宗教法人化して再出発せざるを得なかったから、宗教者としての修行法を新たに確立することが急がれたのである。

戦後、折口信夫は神道を普遍性のある信仰体系として再興させようと呼び掛けたが、これに呼応するめぼしい動きは、教派神道や戦後の新興流派の一部を除き、まだ神社界からはあまり出ていないように思われる。海外に積極展開しようという意欲も乏しいようである。

学界においても、祭事や信仰慣習の民俗学的あるいは文化人類学的研究は盛んになってきたが、神道神学を整備し、信仰を知的側面から裏打ちしようとする動きは希薄である。体という受信機をみがいて、神気《みいづ》を体験、体得しようとする動きは、植芝盛平の合気道に一部受け継がれたが、神社界ではまだ主流になっていないようである。

川面凡児は、物質文明の行き詰まりを予見し、諸国民を「平和な宗教意識」に導くことが自分の使命と考え、人類共通の世界教を打ち立てようとした。川面の唱えた「世界教」は、キリスト意識でも、釈迦意識でもなく、この「平和な宗教意識」に世界人類を統一させることを意味していた。

「平和な宗教意識」とは、毎瞬降り注いでいる宇宙の稜威《みいづ》に感謝し、稜威をより豊かに受け止めるため心身を浄化統一することより生まれるものであるが、世界の諸宗教は、信仰の対象は教義の上で異なるとしても、「感謝と清浄」に心を振り向けることにおいては容易に一致しうるのではないだろうか。

イスラム教、キリスト教、ヒンヅー教なども、神の名とイメージは異なっていても、万物を生かし成り立たせている崇高なものに対する感謝に心を振り向け、身体と魂体と霊体と生活環境を浄化に向けて切り替えていくことには、基本的に異議がないと思われる。

古神道は、感謝神学と清浄神学を二つの柱としており、この二つの柱の間に渡された梯子段を一段ずつ昇って神人不二のより高い境地を自ずからに顕現していく道である。その昇り方は、水そぎ、火そぎ、言霊、祈念、呼吸、雄ころび、手かざしなど、宗派によって重点の置き方が異なるが、それは、自分自身の聖化のためというより、世界と宇宙の聖化、霊化を促していくための道である。

川面は、古神道をあらゆる宗教の源泉であり、帰一する故郷でもあると位置付けていたが、紛争を続ける世界人類に向かって、古神道が「清浄と感謝において一つになること」(unity in gratitude and purity)を呼びかけ、平和な宇宙意識の統合を先導する時期が近づいてきているのではないだろうか。

川面の創設した稜威会は、戦前と同じように戦後もごく少数の熱心な会員に限定され、大きい組織には発展しなかった。諸宗教の家元を統合し、平和な宇宙意識に導こうとした稜威会であったが、今日、外からみると、まだ活動は盛んではない。

「将来、稜威会が衰微しても、自分は必ず生まれ変わってくるから、その時まで細々とでよい、祖神の垂示を忘れないようにしてもらいたい」と川面は遺言した。

おそらく稜威会の霊統と学統は、ひっそりと受け継がれ、いまも地下水のように目立たないながらも、いくつかの地域で脈々と流れているのであろう。そして、いつの日か、いずれかの所を得て、新しい形で地上に噴出してくる時を待ちかまえているのであろう。

川面がよく「神の車は静かなり」と語っていたように、神の車は、音を立てずにそっと近づいているに違いない。

（了）

あとがき

川面凡児の主張は、大きく三つにまとめることができる。

「人はみなアラヒトガミであるから、その自覚を持つように」、そしてその自覚を深めるために「体からカミに入るように」と求めたのである。さらに、万教は「宇宙の大道」に帰一すると説き、諸宗教の対立をなくそうとした。

川面は、人は、眼に見える肉体だけでなく、三次元にわたる心身をもっていることを強調し、それをたえず祓い浄めるよう促した。そのため、体から入る六種の作法、すなわち宇宙にみなぎる稜威《みいづ》を体感、体得する禊、魂ふり、息吹などの手法を紹介し、普及させようとした。そして、日本民族のホリスティックな「カミ」を基礎にして、キリスト教、仏教も包摂する世界教を打ち立て、これを広めようとした。

敗戦後は、しかし、眼に見える肉体を中心とする米国風の個人主義に洗脳され、背後にあって我々を生かしている存在に対する関心が薄れてしまった。また、文字や映像の公害にさらされ、視覚と頭脳から入る主知主義が盛んになった結果、受信機としての体全体の機能が退化してしまったように思われる。

個人主義と主知主義によって発展してきた近代社会は、これからどこに向かうのだろうか。生活を便利にする人工知能（ＡＩ）はますます発展してきたが、逆に貧富の差は拡大し、社会の紛争と対立が激しくなり、それを緩和する道をまだ見つけられないでいるように思われる。地球的な規模の環境破壊や疫病が発生するにつれ、国々の覇権争いや対立の度合いも増大しているようにみえる。

進むべき前途が見通せなくなってきたときは、過去にさかのぼって先人の英知を探ることが近道であろう。幸い、わが国は長い歴史と伝統をもち、紛争や災害などの諸問題を解決する英知を養ってきた。

どうやら、日本の出番が近づいているように思うのだが、肝心の日本人が歴史と伝統に含まれた智慧を忘れ、まだモダニズムの物まねに埋没しているように見える。古臭いと見える伝統のなかに先人の英知を思いだし、それを再構築する時期が来たのではないだろうか。その意味で、川面凡児の業績を再評価してみるのは意義のあることではないかと思う。

現在、稜威会の本部は、練馬区関町にある。川面凡児の教行をわずかに伝える静かな道場であるが、その戸を叩いてみると、意外な発見があるかもしれない。明治、大正の表現形式をそのまま残した古臭いものではあるが、その中に今も役立つ宝物が何がしか含まれているかもしれない。

本書は、絶版になった拙著『宇宙の大道を歩む・川面凡児とその時代』を半分にまとめた縮刷普及版である。前著は、明治から昭和までの変転する時代精神を背景において川面の思想を祖述したものであるが、本書においては、重要な部分のみ抽出して浮かび上がらせた。そのため、説明が不十分となった個所も少なからずあるがご容赦いただきたい。

本書の編集と出版に当たっては、きれい・ねっと社の山内尚子さんに格別のお骨折りをいただいた。同社がこれまで、見える世界と見えない世界のかかわりについて説明した優れた書物を多数出版されてきたことにあらためて敬意を表する次第であ

稜威会本部道場

る。日月星を連想させる素晴らしいデザインで装丁していただいたことにも深く感謝している。

（なお、ご感想、ご意見を出版社やアマゾン読者欄に伝えていただければ、著者の次なる原動力になります。よろしくお願いします。）

令和二年七月吉日　大祓の月に

宮﨑貞行

主要参考文献

『川面凡児先生伝』金谷真、みそぎ会星座連盟、昭和十六年
『川面凡児全集』、川面凡児、八幡書店、1970
『神道・日本の古代宗教』W．G．アストン、青土社、1930
『オカルトジャパン』パーシバル・ローエル、岩田書院、2013
『神ながらの道』、ジョセフ・メーソン、平成元年、たま出版
『霊界日記』エマヌエル・スウェーデンボルグ、角川書店、1998
『月の裏側』レヴィ＝ストロース、中央公論新社、2014
『善の研究』西田幾多郎、岩波書店、2008
『複眼の神道家たち』菅田正昭、八幡書店、1987
『本山博著作集』本山博、宗教心理出版、2009
『水と宇宙からのメッセージ』江本勝、ビジネス社、2009
『神社問題の再検討』加藤玄智、雄山閣、昭和八年
『国家神道とは何だったのか』葦津珍彦、神社新報社、1987
『寄り添う皇后美智子さま』宮﨑貞行、きれいねっと、平成二十五年
『小泉大志命・祓い太刀の世界』、宮﨑貞行、ヒカルランド、令和二年
『宇宙の大道を歩む』宮﨑貞行、東京図書出版、2011

宮崎 貞行

（みやざき さだゆき）

昭和二十年生まれ。東京大学、コーネル経営大学院卒、官庁と大学に奉職したあと、現在は日本の伝統文化に内在する価値観を調べている。とりわけ、見える世界と見えない世界のつながりをめぐる国体物語を調えることに注力している。近著に『小泉大志命・祓い太刀の世界』、『松下松蔵と宇宙の大気』（ヒカルランド）、『天皇の国師』、『寄り添う皇后美智子さま』（きれい・ねっと）など。 稜威会同人、検証ホツマツタヱ誌同人、議員立法支援センター代表。

この星の未来を創る一冊を
きれい・ねっと

宇宙の大道へ

驚異の神人川面凡児、霊的覚醒の秘法

2020年9月22日　初版発行

著者　宮崎貞行
発行人　山内尚子
発行　株式会社 きれい・ねっと
〒670-0904　兵庫県姫路市塩町91
TEL：079-285-2215 / FAX：079-222-3866
http://kilei.net

発売元　株式会社　星雲社（共同出版社・流通責任出版社）
〒112-0005　東京都文京区水道1-3-30
TEL：03-3868-3275 / FAX：03-3868-65

ISBN 978-4-434-28021-4